発達障害カウンセラー
吉濱ツトム

イラストでわかる シーン別 発達障害の人にはこう見えている

はじめに

空気が読めない、本音と建前がわからない、すぐに感情的に否定してくる、人間関係でいつもトラブルを起こす…あなたの周りにこうした人たちはいませんか？

そういうキャラとして周りに受け入れられているようならほほえましいのですが、仕事に関わる状況などではそうも言っていられない場合もあります。いくら注意しても治らないし、同じミスを繰り返す…それが続くと周りも疲れ果ててしまい、その人のことを理解できないもの＝正体不明の宇宙人のように思えてしまうかもしれません。

実はそういった言動を繰り返す人たちは発達障害の可能性があります。周囲とうまくいかない原因は、やる気がないわけでも、性格が悪いわけでもなく、脳の構造を原因とする疾患のせいなのです。

発達障害の世界では、すでに当事者たちへの手助けの仕方や、言動への対処法も確立されています。周囲の人にも、それらの基本的な知識があれば、今まで宇宙人レベルで理解ができなかった彼らの正体がわかり、言動の謎も解けます。また、日本では欧米諸国に比べると2倍近く発達障害の人が多いという調査もあります。さらに、こうした人たちは、問題ある行動を起こすこともありますが、適切な環境では素晴らしい能力を発揮することもできます。

つまり、周囲の人たちが発達障害の人の特性を理解し、対応方法を学ぶことは彼らの困っていることを減らし、喜びを増やすための第一歩なのです。とはいえ、周囲の人たちだけが、ひたすら発達障害の人たちの理解に努めなければならないわけではありません。発達障害の当事者たちもまた、自身の特性を理解し、自分から助けを求めるなど周囲に働きかけていくことも必要です。

この本では発達障害の人と周囲の人、二者の歩み寄りを目指しました。職場や日常生活のよくある状況を、両方の視点から「どう見えているか？」を描いたものになりますので、発達障害の当事者が読んでも、周囲の人が読んでも気づきがあるはずです。その気づきが、双方が過ごしやすくなるためのきっかけになれれば幸いです。

吉濱ツトム

イラストでわかる　シーン別　発達障害の人にはこう見えている――目次

第3章

右往左往の日常生活編

第4章 ひとりよがりの恋愛・結婚編

第5章

咲ける場所の見つけ方

第1章

発達障害って何？

発達障害ってどんな人？

先天的な脳の発達の偏りを原因とする障害

発達障害に関する書籍は数多く出ており、TVやSNSでもよく聞く言葉になりました。それゆえ、発達障害についてまったく何も知らない、という人は多くはないと思います。

しかし、「発達障害とはどんな障害のことですか？」と聞かれて正しく答えられる人もそこまで多くないはずです。

よくあるイメージとしては「こだわりが強い」「距離感が独特」「空気が読めない」など、周りの人とは少し違った言動や習慣が原因で、周囲から浮いてしまう人、あるいは衝突してしまう人、そんなイメージが多いのではないかと思います。こうした言動や習慣はその人自身の性格ではなく、そもそも脳の機能に偏りがあるために生じる先天的なものなのです。

こうした特性は、幼少期にわかれば親や先生などからのサポートにより改善していく可能性が高まります。しかし一方で、子どもの頃は「そういう性格」と見過ごされ、大人になってから実は発達障害だったことがわかる「隠れ発達障害」の人も数多くいます。こうした人たちは周囲との折り合いをつけられず長い間苦しんでいます。

このような大人の発達障害はどのように発覚するのでしょうか。

例えば、発達障害の人は同時並行で物事を進めるのが苦手です。子どものうちは親が家事をしてくれていたのが、大人になっていざやろうとしてもうまくできないという状況に陥る場合があります。

あるいは、「雑談ができない」「空気が読めない」などの人付き合いが苦手な特性も、子どものうちなら友達がいなくともそこまで困ることはありません。しかし、社会に出て会社に勤めるようになると、ある程度の人付き合いは必要になってきます。

いずれの環境でもうまくやれずに悩んだ末、思い切って診断を受けてみると実は発達障害だったと発覚するケースが多いのです。

△大人時代

△子ども時代

発達障害にもタイプがある？

「発達障害」とは複数の障害の総称

さて、ひと口に発達障害といってもいくつかのタイプがあります。主なものとしてはADHD・ASD・LDの3つ。まず、ADHDですが、これは注意欠如・多動症というもので、その名の通り、好奇心が旺盛で落ち着きがないことが特徴です。ASDはアスペルガー症候群や自閉症を含む自閉症スペクトラムの人で、冗談を真に受ける、雑談が苦手など主に社会性やコミュニケーション能力に特徴があります。最後がLD――学習障害と呼ばれるもので、知能的には問題がないのに、読み書きや計算能力に問題がある障害です。その他にも意図していないのに急に体が動いたり、声が出たりしてしまうチックも発達障害に含まれます。

発達障害はアメリカ精神医学会が定めた精神障害の診断基準、DSM-5に照らし合わせて診断されますが、それぞれの障害が別の障害と間違えられやすいことも知られています。例えば、ADHDの衝動的で早口で活動的な特性や、ASDのひとつのことにとらわれて何日もふさぎ込んでしまうような特性は、双極性障害（躁鬱病）と間違えられやすいなどの事例があります。

また、ある障害の特性を単独で持っていることは少なく、複数の障害を併発していることが多いです。ADHDの30％はLDを併発しており、9割以上が学習に問題を抱えているという報告もあります。ADHDとASDが併発するケースではかなり大変なことになる可能性もあります。

例えば、「余計な一言を言う」「約束を守れない」というADHDの特性と「考え方が独特でこだわりが強い」というASDの特性が合わさると考えてみると、対人関係でトラブルが多くなることは火を見るより明らかです。

また、ADHDとASDの判別は難しいといわれています。医師とのカウンセリングにより、どちらの特性がどの程度出ているかを明らかにし、個別に対応していくことが望ましいとされています。

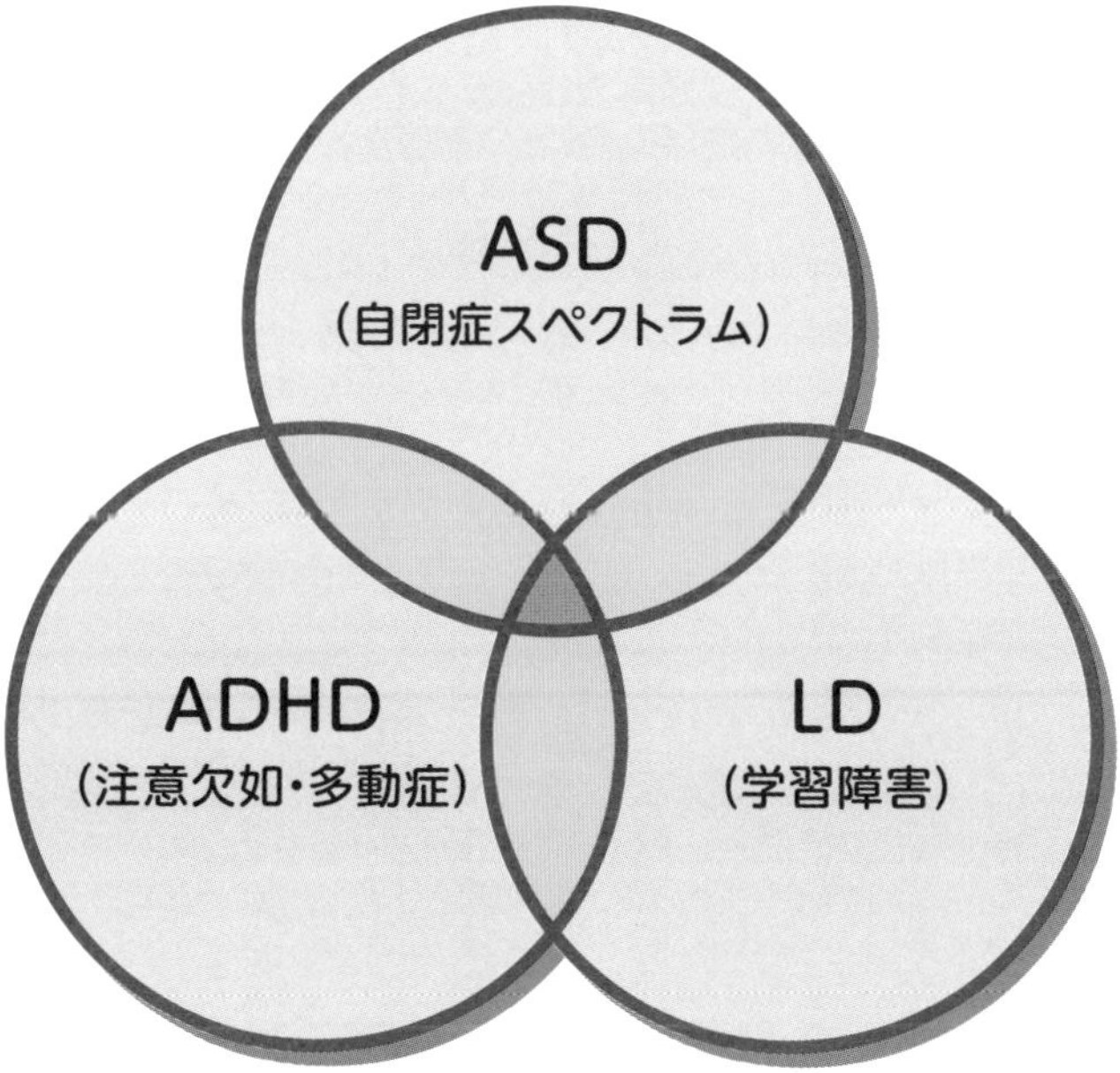

ＡＤＨＤ（注意欠如・多動症）って？

不注意優勢型・多動衝動性優勢型・混合型の3タイプ

ＡＤＨＤは落ち着きがなく、注意力が散漫で活動的なイメージがありますが、正確には3つのタイプに分かれます。まず、ケアレスミスが多く、ぼんやりとしていて、注意散漫な不注意優勢型です。マイペースで真面目ではあるのですが、注意力に欠けています。デスク周りが雑然としており、書類やデータの管理もずさんで要領が悪いため仕事にも支障をきたしています。家庭でも片づけや金銭管理が苦手で生活が乱れがちです。

多動衝動性優勢型はまったく逆のタイプです。とにかく落ち着きがなくイライラしやすいのでチームの和を乱しがちです。すぐに結果を求めるため地道にコツコツといった作業が苦手で貯金や計画的な行動も得意ではありません。しかし、新しいものに対する感度は高く、行動に移るのも早いため、環境によっては能力を発揮できるタイプでもあります。

最後に、この2タイプの両方の特性を併せ持つのが混合型で、実はＡＤＨＤの中で最も多いタイプといわれています。人によってどちらが強く出るかも違っていて、あるときには落ち着きがなく見えたのに、別のときにはぼーっとして注意力散漫になっているようなタイプで、このタイプは周りからよくわからない人として見られてしまいます。

　また、一方でＡＤＨＤの人の特性は環境次第では素晴らしい結果に結びつくこともあります。注意力は散漫なのですが、それは色々なことに興味が移り変わるためです。そのため、いくつものアイデアを出せるアイデアマンとして重宝されることがあります。また、自分の興味のあることであれば行動に移すのも早く、集中してやるのでハマれば短期間で結果を出すこともあります。ただし、途中でうまくいかなくなったり、念入りな準備が必要だったりすると投げ出しがちです。こうした特性をサポートできる環境であれば、ＡＤＨＤの人は非常に貴重な人材となります。

◉ADHDの3つの特性

不注意性

多動性

衝動性

このうち多動性と衝動性は併発しやすいため、
多動衝動性という1タイプにまとめられている。

ＡＳＤ（自閉症スペクトラム）って？

アスペルガー症候群の４タイプ

ＡＳＤは自閉症スペクトラムと呼ばれるもので、自閉症、アスペルガー症候群、高機能自閉症などの障害の総称です。スペクトラムという言葉は日本語で「連続体」を意味し、これらに含まれる自閉症やアスペルガー症候群にははっきりとした区切りがなく、またその特性の発現の強弱も人によってさまざまです。発達障害の中で日本人に最も多いとされるアスペルガー症候群は、４タイプに分けられ、それぞれ受動型、孤立型、積極奇異型、形式ばった大仰な型と呼ばれています。

受動型は、自分から人に働きかけることがほとんどない、おとなしいタイプです。いわゆる「いい子」であるため大人になって発覚する人が多いのもこのタイプです。真面目で優しいのですが、無理をして周囲に合わせ不満を自分の中にため込んでしまうため、鬱や睡眠障害などに陥りやすいことも特徴です。

孤立型は、その名の通り一人を好むタイプです。受動型と同様、自分から他人に働きかけることはありませんが、その理由はかなり違います。それは他人に興味がなく自分の好きなもの、こだわりの中でのみ生きていたいからなのです。

積極奇異型は日本人には少ないタイプですが、受動型や孤立型とは異なり人と関わるのを苦にしません。積極的で感情表現が激しく、どちらかといえばＡＤＨＤに近い特性を持っています。相手を気にせず、一方的に自分の興味のあることを話す、思ったことを全部言ってしまうなどの特性があります。

形式ばった大仰な型は、自分の特性に気づきそれを克服しようとする能力の高い人に見られます。人付き合いのルールを本などのマニュアルでしっかり勉強し何事もそれに沿って行おうとするタイプです。とはいえ現実の人付き合いは、必ずしもマニュアル通りにいくとは限らないので、適当に対応するのが望ましい場でも、マニュアル通りの対応をしてぎこちなく見られることがあります。

◉自閉症スペクトラムのイメージ

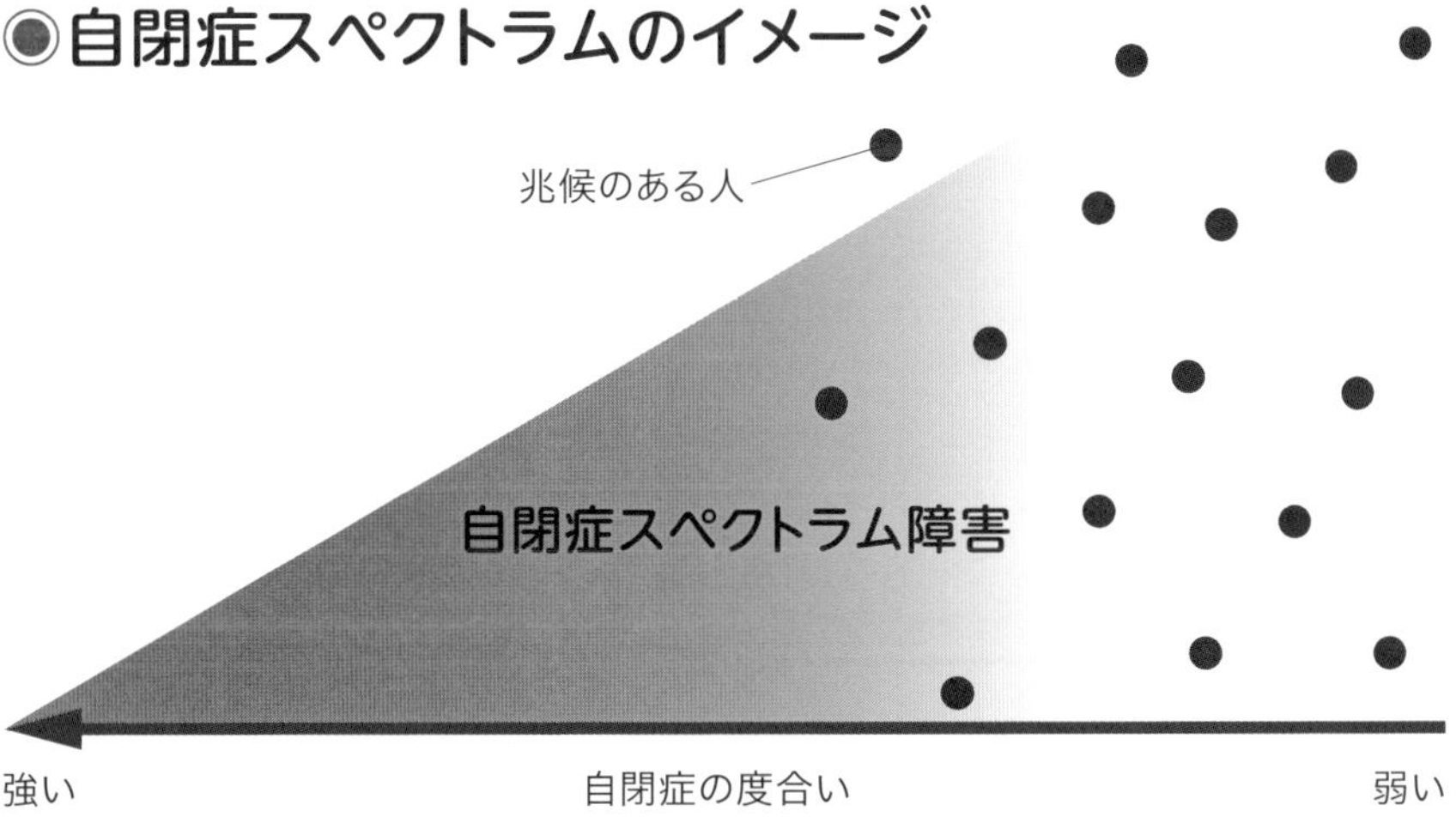

ASDの特性の発現は人によって強弱があり、ASDと診断されるほどではないがその兆候のある人も数多くいる

グレーゾーン―発達障害の要素を持っている人

定型発達と発達障害の境目は曖昧

ここまで読んできて「自分も空気が読めないと言われることがあるな」「注意力が散漫で色んなものに興味を示すって自分のこと？」と思われた方もいるかもしれません。しかし、そうした特性を持っていたとしても、すぐに発達障害であると決めつけることはできないのです。定型発達、つまり発達障害でない人と発達障害の人はきれいに分かれているわけではなく、この区分もまたグラデーション状になっているからです。発達障害の要素は人によって強弱はあれど、多くの人が持っているものなのです。

この特性の発現の弱い人が発達障害の疑いがある人、すなわちグレーゾーンと呼ばれる状態の人たちです。発達障害の症状はありますが、診断基準に照らし合わせると基準を満たさないため、病院へ行っても発達障害の診断が下りません。本人としては、仕事や日常生活の苦しさの原因を発達障害に求めて病院に行ったにもかかわらず、「それほどでもない」と言われた気分になって、なお苦しんでしまうというケースも多発しています。こうした苦しみが続いて常に社会不安を抱えている不安障害や、お酒やギャンブルなどに逃避する依存症、ひきこもり、鬱病などの二次障害に陥ってしまう人もいます。

それではこうした人たちはどうしたらよいのでしょうか。発達障害という診断は下りないため障害者手帳の交付はされません。しかし、一方でこのグレーゾーンという人たちの存在も、近年ではよく知られてきたため、希望すれば医師に「支援を受けることが望ましい」という意見書を出してもらうこともできます。この意見書を手に、ハローワークや地域の支援センターや就労支援事業所を訪ね、相談してみるとよいでしょう。

また、家族や同僚にグレーゾーンの方がいる場合は、本書の第5章を参考に転職や職場環境の改善に協力し、力になってあげることが必要です。

うーん、疑いはありますが
発達障害とは言い切れませんね
でもこんなに
困ってるのに…

「何を考えているのか？」を理解する

支援の第一歩はまず理解から

　ここまでで発達障害の基本的なことは理解できたのではないでしょうか。そして、その上で家族、友人、同僚、先輩・後輩、上司・部下など身近な人たちの中に「もしかしたらそういう特性を持った人かも？」と思い当たる人がいるのではないでしょうか。その人たちが困っている場に遭遇したり、あるいはその人たちから直接迷惑を被ったりしたこともあるかもしれません。しかし、思い当たったとしても実際に発達障害の人たちが、そうした状況の中で「具体的に何を考えているのか？」は、通り一遍の基本知識だけではわからないことが多いのではないかと思います。

　本書は33のよくあるシーン別に、そのとき、「発達障害の人側からはどう見えていたのか？　何を考えていたのか？」をイラストとともに解説する本になります。ひとつのシーンを定型発達の人から見た場合と発達障害の人から見た場合の2つに分けて解説し、発達障害の人に対するサポートの方法も紹介します。また、「自分ももしかしたらそういう要素があるかも…」と心配な方のために、発達障害の当事者が自分で改善できる方法も紹介しています。

職場の問題児やあちこちに話題が飛ぶ友人、片づけが苦手な家族など、身の回りにいる発達障害の人に対して「この人は多分、今こう思っているんだろうな」「こういう特性から出た発言なんだろうな」と思いをめぐらせ想像するだけでも、その人とあなたの関係はよくなるはずです。

さらに一歩進めば、その人が働きやすい・過ごしやすい環境作りを支援することもできます。支援というと何か大変なことのように聞こえますが、例えば「あの書類」という曖昧な指示が理解できないで混乱している発達障害の同僚に「あの書類って○○の書類のことだよ」と教えてあげることだって立派な支援なのです。そして、その環境は、発達障害の人だけでなく、職場や家庭に関わるすべての人にとってもよい環境になるはずです。

Column

発達障害を知るキーワード

◉ワーキングメモリーとメタ認知

「ワーキングメモリー」という言葉はあまり聞きなじみのない言葉かもしれません。人間の脳は、何かの作業をするときに、一時的に記憶するための領域を持っています。これは例えば、まな板のようなものだと考えてください。料理をするときにまず野菜を切ったとします。次に肉を切ろうとした場合、切った野菜をまな板の端に寄せておくことになります。この場合、肉を切っているときも野菜はそこにあります。これが定型発達の人の脳内です。一方で、発達障害の人の脳内は肉を切るとき、切った野菜がまな板の外に出てしまう、つまり忘れられている状態なのです。要するにワーキングメモリーが小さいというのは、脳内のまな板が小さいということだと思ってもらえればよいでしょう。

もうひとつ、「メタ認知」という言葉もよく出てきます。メタ認知というのは、自分の物事のとらえ方や感じ方、考え方などについて、客観的な視点から見ることです。人間は基本的にこの能力によって、周囲の人に合わせて考え方・とらえ方を修正したり、強化したりといったチューニングをしています。発達障害の人が、自分の考えが絶対だと思ったり、周りがギョッとするような言動を繰り返したりするのはこのメタ認知が弱いためなのです。

第2章

トラブルだらけの職場編

「職場の問題児」扱いされてしまう

世の中には数多くの仕事があり、その数だけ職場もあるはずですが、一人だけで仕事が完結する職場というものはなかなかないと思います。必ず他の人と協力しなければならず、その協力体制を効率的に進めるシステムに従って仕事をしなければならないところがほとんどだと思います。

発達障害の人はそうしたシステムにうまく乗ることができなかったり、あるいはそのシステム外のことに臨機応変に対応できなかったりするため、しばしば職場で問題になってしまうことがあります。

例えば、事務職では資料作成、会議のスケジューリング、電話対応など、その場その場で複数の仕事を同時に進める必要があります。もちろん、それらの仕事に関わる人たちと連携しながらです。ところが発達障害の人は脳のワーキングメモリーが小さいため、複数のことを同時に進めるのは苦手で、期日までに仕事が終わらなかったり、やるべきことを忘れてしまったり、同じミスを繰り返したりしがちです。

また、会社という場は協力体制を維持するために業務以外の場でも、円滑な人間関係を構築することが求められます。例えば、雑談や冗談を言い合ったりして仲間意識を高め、仕事をしやすくするというのは定型発達の人にとってはそれほど難しいことではないでしょう。

しかし、発達障害の人にとっては、周囲の人との円滑なコミュニケーションは簡単なことではありません。雑談に目的や意味を求めてしまいスムーズにできない、空気の読めない発言で相手を怒らせてしまうなど、「ちょっと変わった人」扱いされてしまうことがたびたび起こります。

ただ、こうした特性の現れ方もすべて理由があるものなので、発達障害の人の見えている世界がわかれば、周囲の人も一緒に働きやすくなるはずです。

△複数の仕事の優先順位がつけられずフリーズしてしまうことも…

△好きなものについて延々しゃべり続けて周囲の人を引かせてしまうことも…

言葉の裏が読めないので、冗談が通じない

冗談を真に受けてしまう

発達障害の中でもASDの人には、「言葉の裏が読めない」という傾向があります。相手の言葉を文字通りにそのまま受け取ってしまうので、定型発達の人なら何となく雰囲気的に感じ取れるような、その言葉の裏にある「含み」とか「寓意」などは伝わりません。耳に優しそうな柔らかい言葉遣いに辛らつな皮肉やイヤミを込めたりするタイプの人の話し方などはまったく理解できない可能性があるでしょう。上司に叱られて「お前、もう帰っていいよ」と言われたとき、本当に帰ってしまうのもこのタイプです。

また、発達障害の人は、多くが強い劣等感を抱えています。そしてその劣等感の強さから、自分を守ろうとする意識が過剰に働き、強い被害者意識を持っていたりもします。そのようなタイプの人は、ジョークでからかわれるのが特に苦手です。相手の冗談を冗談として受け取ることができず、本当にバカにされているととらえてしまうため、ときには怒りが爆発してしまうこともあります。そのため周囲からは、「冗談でいきなりキレる怖い人」と思われてしまったりするのです。

周りの人 ➡ 発達障害の人

好天で思わず口にした「会社をサボろうかな」というちょっとした冗談を、発達障害の人はジョークとは理解できず、真に受けてしまいました。言った本人にしてみれば場を和ませるための軽い冗談ですが、相手から真剣に反対されたり、ときには怒り出したりなどされると、「なんだコイツは？」ということになり、困惑してしまいます。

発達障害の人 ➡ 周りの人

「和ませようとした」という先輩の意図はASDの人には理解できません。単なる冗談を口にした人を必死になって止めようとしたり、または責めたりする姿は、周囲からは滑稽にも、ときには不気味にも見えたりするかもしれませんが、本人はいたって真剣です。「この人は何を言い出すんだ？」となり、場合によってはパニックになってしまいます。

このようなASDの人に対しては、回りくどいと思われそうな婉曲な表現や、持って回った感じのする言い方を避け、なるべくストレートでわかりやすい言葉のかけ方を心がけた方が、お互いにストレスなく、無用なトラブルを回避できます。

また、定型発達の人でも、日頃何気なく発している冗談を一度見直してみるのもいいかもしれません。場の空気を乱さず、誰も不快にさせないような冗談をタイミングよく口にできるというのは、実はかなり難易度が高いことだからです。

理解のポイント

- 言葉の裏が読めず、そのまま受け取ってしまう
- 劣等感が強く、からかわれたりすると自分を守ろうとする気持ちが過剰に働く
- 強い被害者意識を持っていることも

もしもあなたが発達障害なら…

他の人が冗談を言われてどのように対応しているのかをよく観察しましょう。そして、自分の対応（怒るなど）と他の人の対応（笑って受け流すなど）の違いを紙に書いたりしてよく覚えておくようにします。すると、また冗談にカチンときたときも、「いや、相手が言っているのは冗談なんだ」と、冷静に考えられるようになっていくはずです。

シーン
02

話の内容に目的や意味を求めるので雑談ができない

目的のない会話が苦手

会社では仕事だけしていればよいというわけにはいきません。雑談で周囲の人たちと良い関係を作ったり、休憩中にリラックスしたりすることも重要で、大きな意味ではそういった円滑な人間関係を築くのも仕事のうちです。しかし、定型発達の人には簡単でも、発達障害、特にＡＳＤの人にとっては雑談は難しいものなのです。

目的がはっきりしている仕事上の会話や、知識を使って答えればいい会話であれば問題はありません。しかし、雑談はそうではなく、話すことそのものが目的なのです。発達障害の人にはそうした会話をする意味がわからないのです。そのため、些細なところで的外れな質問をしたり、そもそも会話の意味自体を問うたりした挙句、うまく会話がかみ合わずお互いに疲れてしまうのです。

また、発達障害の人は必要な情報を一時的に保存して使うための脳の領域――ワーキングメモリーが小さいため、処理できる情報には限界があります。話題が次から次へと変わる複数人の雑談の流れに乗れない原因はここにもあります。

周りの人 ➡ 発達障害の人

聞いた方としては、特に何かを知ろうとして聞いたわけではありません。雑談なので「会話をする」ことが目的なのです。「○○に行きました」とか「家でゆっくりしていました」というくらいの答えを予想していたはずです。しかし、上のイラストのような答えが返ってくると「何かいけないことを聞いてしまったのかな」といらぬ心配をしてしまいます。

発達障害の人 ➡ 周りの人

ASDの人には内容は何でもいいから会話をするという意識はありません。ですので、この場合も「なぜ今この質問をされているのか?」「どういった答えが求められているのか?」を探ろうとして逆に質問をしたのです。また自分の言葉が相手にどのような印象を与えるかも気にしていません。聞いた方が気にするような別の意図があるわけではないのです。

定型発達の人にとっては当然と思っていることでも、発達障害の人にはわからないことは多くあります。それを念頭に置いておけば、こうした返しをされても「話がしたいと思ったんだよ」などと自分の意図を説明すればよいのです。そして、すぐに返答が返ってこなくてもじっくり待つこと、「ゆっくりで大丈夫だよ」と伝えることも大事です。

あるいは発達障害の人の興味のありそうな話に切り替えて、相手に色々話をしてもらい聞き役に回るという手段もあります。特性を理解していれば、取れる方法は色々とあるのです。

理解のポイント

- 「会話をすることが目的」の会話だと思っていない
- 話の内容や目的を大事にしている
- 「ワーキングメモリー」が小さい

もしもあなたが発達障害なら…

もしもこうした場面で悩んでしまう場合は、「相手は会話をすることが目的」と頭に入れておきましょう。そのための話題のネタを普段からストックしておき、こうした雑談の際に使うのもよいでしょう。また、そうしたことを繰り返して雑談が成功した場合、それをメモしておくことも重要です。成功体験があれば雑談をすることも次第に苦にならなくなるでしょう。

自分の興味のある話題ではものすごく饒舌になる

興味の対象が極端に限定的

自分が強く興味を持っていて熱く語れること、逆にあまり関心が持てないこと…そのようなことは誰にでもある程度はあって当然です。ところが、ＡＤＨＤ・ＡＳＤの人ともに、その振り幅がかなり極端になっていることがよくあります。つまり、興味のあることには熱狂的に入れ込んで、相手の関心など考えもせずにただひたすら熱く語り続けたりする一方で､興味のないことには､まったく関心を示さないばかりか、それが仕事や社会生活に必要なことであってもやる気が見られなかったり、努力して取り組もうと思っても、まったく結果が出せなかったりします。そのように興味の対象が極端なまでに限定的なのは、よく見られる傾向です。

興味のあることだけに一点集中するというのは、例えば鉄道研究会といった学生時代の部活など限定的なコミュニティなら一目置かれるかもしれません。しかしある程度全方位にそつのない対応を求められる社会人になると、興味のあることしか話さない・やらないというのは不利になりがちです。周囲とのコミュニケーションがうまくいかず、トラブルの原因にもなりかねません。

周りの人 ➡ 発達障害の人

相手のストラップを褒めたとき、定型発達の人であれば「ありがとうございます！ ○○の限定グッズなんですよ〜」で会話が終わるかもしれません。しかし発達障害の人からはストラップ、またグッズを出しているアイドルについての容赦ないマシンガン・トークが炸裂します。声をかけた人は引いてしまい、うんざりしてしまうこともあります。

発達障害の人 ➡ 周りの人

発達障害の人は、興味のあることには熱烈にのめり込みます。好きなアイドルの音楽、しかも同じ曲を繰り返し聴くのもまったく苦にしなかったりも。そして、好きなことについて語り出したら止まりません。相手の気持ちを考えずに自分の興味のあることで頭がいっぱいになってしまうので、通常の「会話」は成立しにくくなってしまいます。

興味のあることだけを一方的に話し続けるタイプの人には、やんわり指摘することを粘り強く続けましょう。気をつけなければいけないのは過度に責め立てないことです。ＡＳＤの人の中には、自分の興味の対象が偏っていることをうっすら自覚している人もいて、そのような人はそつなく対応できない自分を責めてしまうことで、とても傷ついてしまったりすることもあるからです。すべてのことにまんべんなく興味や関心を向けるなど、そもそも定型発達の人にも無理な相談です。

理解のポイント

- 興味や関心の対象が極めて限定的
- 興味のあることには熱狂的にのめり込む
- 相手の気持ちを考えられないので一方的に話してしまう

もしもあなたが発達障害なら…

「まったく興味が持てないけれど、仕事や生活でどうしても必要なこと」に興味を持てるよう訓練をする取り組みで、ある程度は改善することが可能です。例えば「挨拶ができない」悩みなら、「職場で会った全員に挨拶ができた日の夜には自分の興味のあることを思い切りやってよい」というルールを決めて実行する、などの方法があります。

本当のことなら何でも言っていいと思っている

「建前は悪」と信じ込んでいる？

シーン1でも述べた通り、ＡＳＤの人は言葉の裏を読むことができません。同様に、定型発達の人が日常的に行っているような、本音をしまっておき、建前と上手に使い分ける…というのが、ＡＳＤの人にはとても困難です。

また、ＡＳＤの人は相手の本音と建前を見分けることや、自分自身が本音と建前を使い分けることが難しいだけでなく、そもそも建前を言うことが正義に反することであり、常に本当のことを言わなければならない、とかたくなに信じ込んでいるなど、認知の歪みが見られる場合も多くあります。

本人は「正しいことは絶対に正しい、それを指摘するのは相手のためでもある」という信念に基づいて発言していますが、そもそもその「正しいこと」というのも社会通念や一般常識に関係なく、本人が独善的に「正しいと思い込んでいること」である場合も多いのです。しかも、そのような態度を上司や取引先に対しても変えることがありません。そのため、ときには深刻なトラブルに結びついてしまうのです。

周りの人 ➡ 発達障害の人

定型発達の人は本音と建前を自然に使い分けています。いくら本当のことでも、場を乱したり波風を立てたりするようなことは心の奥にしまっておくことができます。ASDの人はそこにいきなり爆弾発言をぶちかまします。定型発達の人なら絶対に言わないような発言の数々は、ときに人を傷つけ、上司や取引先を激怒させたりも…。

発達障害の人 ➡ 周りの人

周囲からは配慮を欠いたトンデモ発言としか見えない言葉ですが、本人にとってはあくまでも「正しい」ことであり、そして(あくまでもその人なりの、ではあるものの)正義感や善意から発しています。そのため、「相手のためにもなることなのだ」というかたくなな思い込みはちょっとやそっとでは揺るぎません。あくまで相手のためを思っての発言なのです。

ＡＳＤの人でも、社会に出てから本音ばかりを言ってしまうことでトラブルが相次ぎ、そのことに対してうすうす危機感を持っている人は少なくありません。そのような人には、自分が正しいと思っていることでも、それを口にすることで相手に不愉快な思いをさせているかもしれない…ということを自覚してもらうことは可能です。

一方で、本音ばかりを言うせいで、かえって取引先などから「面白いヤツだ」と思われて一目置かれる場合なども、ないとは言い切れなかったりもします。

理解のポイント

- 言葉の裏が読めないので、相手の本音と建前が見分けられない
- 建前を言うのは正しくないと信じ込んでいることがある
- 「本当のことを言うのが相手のため」と思い込む

もしもあなたが発達障害なら…

自分自身を俯瞰して見る力＝「メタ認知能力」を鍛えることで、発達障害に特有の症状を改善できることがあります。本音と建前についていえば、定型発達の人が本音と建前をどのように使い分けているのかをよく観察し、自分の対応とどう違うのかを考えることで、自分を客観的に見ることができるようになり、何に気をつければうまくいくかが明らかになるはずです。

シーン 05 場の空気を読むのが苦手でおかしな言動を繰り返す

その場に合わせた適切な態度が取れない

シーン4の本音と建前の区別がない、にも通じるケースですが、発達障害の人、特にアスペルガー症候群の人には、相手の立場やその場の状況に応じて態度や言動をコントロールできないといったことがよく見られます。例えば禁煙に指定されている路上でタバコを吸っている人を見ると、まったく知らないよその人に対しても突然大声や強い口調でとがめたりして、相手に驚かれたりトラブルになったりすることも少なくありません。とにかく思ったことをすぐ口にせずにいられないので、家族の葬儀を終えたばかりで悲しんでいる人に向かって「ところで香典がいくら入ったのか」など と非常識な質問をしてしまったりすることもあります。

また、相手との適切な「距離感」もつかみづらく、上司になれなれしいタメ口で接したりすることも。事故や脳梗塞などで脳に障害を負った人が、家族にも敬語で話すようになったりすることはよく見られますが、発達障害の人は生まれついて脳に器質的な問題があるせいで、状況や場の空気にそぐわない言動をしてしまうのです。

周りの人 ➡ 発達障害の人

上司が部下を注意する場合、反省や改善を促しつつ、ときには強い口調になることもあります。定型発達の人であれば、本心はどうあれ(?)そこで場の空気を読んで、反省の気持ちを態度に表すものですが、発達障害の人はそのようなことができません。思ったことをすぐ言動に出してしまうのと併せて、何を考えているかわからないと思われてしまいます。

発達障害の人 ➡ 周りの人

思ったことと言動がすぐに連動してしまうため、場の空気を読んで動くということができません。注意された場合も、もちろん反省はしているのですが、そのときに別のモノが目に入ったり頭に浮かんだりすると、たちまちそちらに引っ張られてしまいます。また逆に、反省そっちのけで叱られたことだけを気にし続け相手の言葉が頭に入ってこないタイプの人もいます。

空気を読めず、ちょっとしたことでも法律やルールを守らないことが許せないタイプの人は、とても真面目で正義感が強く、決められたことをきちんと守る人です。一方でその場がどういう状況なのか、全体を把握したり、他者の気持ちや状態に共感する能力が極端に低いので、場にそぐわない言動をした場合には、なぜそれがよくないことなのかをゆっくり丁寧に説明しましょう。怒ったりしているときは、まず落ち着いてもらいます。

理解のポイント

- 相手の立場や状況に合わせて言動をコントロールできない
- 思ったことをすぐ口に出してしまう
- 相手との「距離感」がうまくつかめない

もしもあなたが発達障害なら…

物事を俯瞰して見るメタ認知能力、そして相手の立場や思いなどに対する「共感力」を鍛えることが大切です。周囲の人の協力を得て、もしも失礼な言動・場にそぐわない言動があった場合は、その場その場で指摘してもらうようにしましょう。その際、指摘に対して怒ったりせず、その場ですぐに謝るということをルール化しておきます。

空気を読み過ぎて本音を隠し限界に達して爆発する

空気を読みすぎるタイプ

シーン4、5の例のように、場の空気を読めずに言いたいことを言ってしまい、そのせいで失敗する…という発達障害の典型です。確かにそのような人も多いのですが、それとは反対に「空気を読みすぎてしまう」ASDの受動型の人もかなりいます。このような受動タイプの人は、周囲に対して常に過剰に気を使ってしまいます。そのため、自分の意見や考えなどがあっても口に出せず、ストレスもため込んでしまうのです。

また、空気が読めないタイプの人も、定型発達の人がいつもなんとなく察知して共有しているような「暗黙の了解」がわからない分、行動の判断材料となる情報量が、定型発達の人よりも圧倒的に不足していています。そのため、ただ日々を過ごしていくだけでもストレスを感じがちになってしまうのです。

そして、我慢を重ねた末に、あるとき突然ストレスが限界を突破し、最後には大爆発してしまいます。周囲に大声で怒鳴り散らしたり、パニックになって泣きわめいたり…最悪の場合その程度では済まず、物を壊すなどの暴力的な行為に走ってしまうこともあります。

周りの人 → 発達障害の人

本音や言いたいことをうまく言えずにストレスをため込んでしまうタイプの人は、普段は口数少なくニコニコしていることが多いので、周りから発達障害を疑われたりせず、ただ穏やかで無口な人と思われがちです。しかしたまったマグマがある日爆発してしまうとブチギレます。そのあまりのギャップに、周囲の人たちは恐怖さえ感じるかもしれません。

発達障害の人 ➡ 周りの人

本音を言えずにいる受動型の人は、コップに水がたまっていくように静かにストレスをためていきます。そして花粉アレルギーの症状がある日突然出現するのと同じように、自分の中のコップからストレスが突然あふれ出します。花粉症のくしゃみや鼻水を自分でコントロールできないのと同様、ほとばしる激情を自分で制御できなくなるのです。

空気を読みすぎて本音を隠してしまうタイプの人は、相手に面と向かって不満や意見を言うことがとても困難です。なので、何か言いたいことがある場合は、例えばメールなどで伝えてもらうように話しておくと、コミュニケーションはずっと円滑になります。

本人が言いたいことやストレスをため込んでいないか、よく注意して見ておくことも大切です。場合によっては、特に仲のよい同僚や先輩などに、本心を聞き出す役割を担当してもらってもよいでしょう。

理解のポイント

- 空気を読みすぎてしまい、ストレスがたまる
- 空気を読めない人もやはりストレスにさらされている
- 我慢を重ねた末に爆発してしまう

もしもあなたが発達障害なら…

何よりも大切なのは、ストレスをため込んでしまわないようにすることです。不満や意見などがある際に口頭ではなくメールで伝えさせてもらうようにしておくと、とても楽になるはずです。また、心理学を活用して相手を尊重しながら自分の主張を伝える「アサーション」という対処法もありますので、入門書を読んでみるのもよいでしょう。

ちょっとした注意でも「世界の終わり」のように傷つく

「注意」を「全否定」と思い込む

仕事のミスなどをちょっと注意されただけで、深く傷つき、まるで世界の終わりのように落ち込む人がいます。「自分にも思い当たる」という人は、意外と多いのではないでしょうか。

これは、仕事上のミスや日常的な失敗など、その場限りの言動や行為などを注意されたり批判されたりしているのに、それをまるで自分の全人格を否定されたかのようにとらえてしまう、認知の歪みによるものです。思い当たるという人は、もしかすると発達障害とは診断されなくてもグレーゾーンかもしれません。

また、注意された内容に対して反省したり改善しようとしたりせず、注意されたことだけが強く記憶に残って逆恨みのようになってしまう人もいます。発達障害の中でも、アスペルガー症候群の人にこのような傾向が見られることがあります。本来なら、注意されたことに対しては反省して次に活かしていくことが大切なのですが、このようなタイプの人はそれができず、職場の人間関係も悪化させてしまいがちです。

周りの人 ➡ 発達障害の人

上司や周囲の人は、もちろん本人の人格を否定しようとして注意しているわけではありません。ところが発達障害の人は、ちょっとした注意にも大きくうろたえ、ひどく落ち込んだ様子を見せることがよくあります。また、露骨に不機嫌な顔をして黙り込んでしまう人もいます。どちらの場合も、周囲は「扱いの難しい人…」と思ってしまうのです。

発達障害の人 → 周りの人

周囲が注意をするのは、反省・改善してほしいからです。しかしASDの人には、「注意された」ということだけに気持ちが過剰にフォーカスされてしまう人が少なくありません。反省して前を向くのではなく、マイナスの感情だけが過度に反復されてしまいます。どうかすると無断欠勤や退職、ひきこもりとなってしまう人もいたりするのです。

このようなタイプの人には、失敗などを注意したときに、そのフォローアップを心がけましょう。注意や指摘はあくまでも「注意」や「指摘」であって、相手の人格を「全否定」しているのではない…ということを、そのつど繰り返して説明し、その上で、どうしてそのような失敗をしたのか、どうすれば失敗を繰り返さずに済むのかを考えてもらうようにします。このようなタイプの人は、実はそういったことを改めて分析したり深く考えたりするのが得意なことが多いのです。

理解のポイント

- 「注意」を「人格の全否定」ととらえてしまう
- 注意されたことだけが記憶に残ってしまう
- アスペルガー症候群の人に比較的多い

もしもあなたが発達障害なら…

自己暗示を徹底的に行うことで、認知の歪みを修正することが可能です。例えば、注意された内容を実際に書き出して、その横に大きく「≠全否定」と書いてみます。単純ですが、発達障害の人には一般に視覚による情報がとても大きく影響しますので、それを何度も繰り返し見ることは、誤った認識を正していくのには意外と有効なのです。

人に対して「ありがとう」や「すみません」が言えない

自分の判断基準を絶対視してしまう

失言などが大きな問題になっても、まるで謝ったら負けであるかのように自分の非を認めず、謝らない人…というのは政治家などによく見られますが、発達障害の人にも同様の特性があります。「建前は悪だ」と思い込んでいるタイプの人と同じで、独断的・独善的な基準で善悪を判断することが多く、しかもその独自の「正しさ」に徹底的に固執してしまうので、例えば自分の言動が元で取引先を怒らせてしまった…などののっぴきならない状況でも、絶対に謝らなかったりするのです。これは発達障害の人が抱える強い劣等感や自己肯定感の低さから自分を守ろうとする反応でもあります。

また、発達障害の人の中には、お礼を言わない、言えないという人も多く見られます。謝らない人とある意味表裏一体で、お礼を言うことに意味やメリットを見出そうとしない、あるいは「向こうが手伝うことで結果的にチームとして仕事が回るのだから、手伝う方が合理的だろう」などと、お礼を言わないことに独善的な理由付けをしてしまう…という、発達障害ならではの特性が関わっているのです。

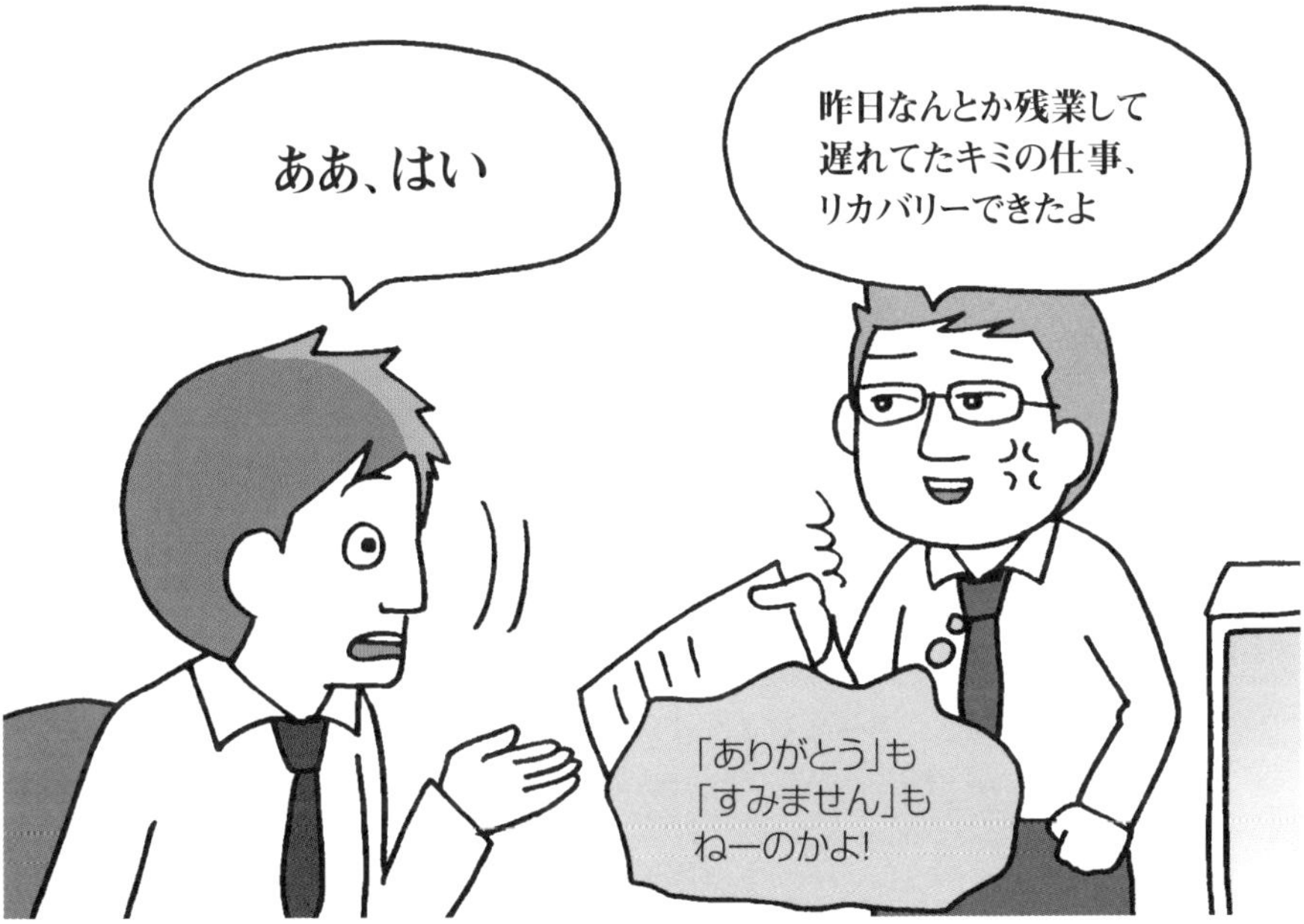

職場がチームとしてひとつの仕事を進めていれば、一人の遅れは全体の遅れに直結します。そこで周囲が善意から、あるいは仕方なく手伝ってあげることはあるでしょう。ところがそれに対して特にリアクションがなく、ましてお礼など出てこないとすれば、周囲は当然気分を害し、「何様だよ！」となってしまうのは当然です。

発達障害の人 ➡ 周りの人

発達障害の人の心の中は、周りの人たちの心中と真逆のとらえ方に占められています。自分の仕事の遅れを周囲が手伝うことで全体としての進捗がキープされるのなら、手伝うのは当然のことで、何もお礼を言ったり言われたりする必要はない、というような思考回路です。言う必要がないと思っているだけで、悪気があってわざと言わないでいるわけではありません。

謝れない人は逆ギレすることがあり、そもそも自分が間違っているという認識を持っていないことが多いので、可能であれば本人が理不尽なキレ方をしている場面などを撮影して、それを本人に見せて自分のことを認識してもらう必要があります。

お礼が言えない人に対しては、お礼を言うことでどんなメリットがあるのか、逆に言わないことでどんなデメリットがあるのかを説明することから始める必要があります。それを理解し納得できれば、お礼や謝罪の言葉も口にできるようになっていくはずです。

理解のポイント

- 独善的な「正しさ」に固執してしまう
- 劣等感・自己肯定感の低さの裏返し
- 相手の気持ちを考えることができない

もしもあなたが発達障害なら…

謝れないのもお礼が言えないのも、基本的には認知の歪みからきています。あなたがもしもそのことをうっすら自覚して気にかけているようなら、周囲の協力を得て自己認識を修正していくようにしましょう。発達障害について書かれた本を読むのもよいですし、できれば医師やカウンセラーなどの専門家に相談することが望まれます。

注意していても忘れ物やケアレスミスをしてしまう

ADHDに多く見られる

忘れ物やケアレスミスが多いというのは、発達障害、特にADHDの人によく見られる特性です。忘れ物にしてもケアレスミスにしても、定型発達の人が時々うっかりやらかすようなレベルをはるかに超えていて、カバンに財布が入っていないばかりかカバン自体を持たないまま家を出てしまったり、商品の発注数が一桁どころか何桁も違う数字（2個のところが200個とか）になっていたりします。

忘れ物対策としてメモを取る人もいますが、そのメモがどこに行ったかがわからなくなって大弱り、ということも少なくありません。これらはワーキングメモリー（短期記憶）が小さいことに起因しています。また、マルチタスク（同時並行処理）が苦手なため、何かをしているときに他のことに注意を向けるのが難しく、うっかりミスが多くなるのです。

忘れ物もケアレスミスも、子どもの頃からの体験が積み重なって自己肯定感が極端に低くなっている人が多く、社会人になってから、鬱や仕事が長続きしないなどの弊害があります。

周りの人 → 発達障害の人

忘れ物・ケアレスミスが繰り返されれば、周りの人は当然その人をマークするようになり、忘れ物などがないよう声かけも行うものです。そうしておけば忘れ物などはなくなるはずなのですが、そうは問屋が卸さない(?)のが発達障害(特にADHD)。しっかり声かけしたはずなのに、いざ確認してみるとやっぱりあれもこれも抜けていて、周囲からは「何度言っても治らない」と思われてしまいます。

発達障害の人 ➡ 周りの人

発達障害の人は、言われたことはもちろん意識しています。ところがワーキングメモリー（短期記憶）が小さいため、2番目に言われたことを意識すれば最初に言われたことは頭から飛んでしまう…という具合で、「資料は？」「名刺は？」「ノートPCは？」と言われるうち、名刺を忘れまいとすれば資料を、PCを忘れまいとすれば名刺を忘れてしまうのです。

発達障害の人の忘れ物に対しては、「持ち物リスト」を作って玄関などに貼っておくように伝えるのが一番確実です。スマートフォンのメモ帳などでもよいでしょう。ケアレスミスを減らすには、発達障害の人が何かの作業をするときに、なるべく気が散らないような場所で行ってもらい、途中で関係ない別のことを指示したりしないようにします。発達障害の人には「何に気をつけたらいいのかがわからない」という人も少なくないので、周囲の協力が肝心になってくるのです。

理解のポイント

- 忘れ物・ケアレスミスはADHDの人に多い
- ワーキングメモリーが弱いせい
- マルチタスクをこなすのが困難

もしもあなたが発達障害なら…

忘れ物には持ち物リストだけではなく、「合い言葉」も有効です。例えばマスク、スマホ、財布を忘れないため、外出前に呪文のように「マ・ス・サ…」と繰り返し唱えて確認します。ケアレスミスについては、メタ認知能力がカギになります。自分が今何をしようとしているのかを、第三者のような目線でチェックすることを常に意識しましょう。

過去にも同じ失敗をしているのに何度も同じミスを繰り返す

「スキーマ」の歪みが原因

発達障害、特にADHDの人がケアレスミスをしやすいというのはシーン9でお話しした通りですが、もうひとつ、同じミスを繰り返してしまうというのもよく見られることです。つまり、度を越したうっかりミスを何度も繰り返すのです。

同じミスを繰り返すのは、「スキーマ」の歪みに起因しています。スキーマというのは認知心理学の用語で、人間が個別に経験した物事の仕組み・図式から、より一般的なルールや仕組みを学習する能力のことです。例えば水道の蛇口には色々な形がありますが、定型発達の人はハンドルをひねるタイプでもレバーを押すタイプでもすぐに水が出せます。

ところがスキーマが歪んでいる人は、自分の家にあるものと違う形の蛇口だと、どうすれば水が出るのかがわからなかったりします。このような人は、同じ失敗を繰り返しても、そこから失敗しないための法則性のようなものを学ぶことができません。そのため、同じミスを何度でも重ねてしまうのです。また、ワーキングメモリーの弱さも関係しています。

周りの人 ➡ 発達障害の人

書類を見直している姿からは、しっかり準備をして、同じミスを繰り返さないように努めている態度が感じられるものです。ところがそれにもかかわらず、発達障害の人はどういうわけか同じミスを何度も何度も繰り返してしまいます。周囲の人は驚きあきれるばかりでなく、当然ながら仕事に支障が出るので困り果ててしまうのです。

発達障害の人 ➡ 周りの人

発達障害の人はワーキングメモリーが小さく、せっかく仕事の準備をしっかり進めていても、その間に周りの人から声をかけられると、その瞬間に考えていた内容が頭から飛んでしまいます。また、失敗の経験から次に失敗しないための教訓や法則を学ぶ能力に問題があるため、結局同じ失敗を何度も繰り返すことになってしまうのです。

同じ間違いを繰り返す人には、ケアレスミスの多い人に対するのと同じような配慮が必要です。重要な作業はなるべく気が散らないような環境・場所で行ってもらい、関係ない他の指示はしないようにしましょう。

また、このタイプの人は世間的な常識がなかなか身に付かないことになりがちですが、一方でこのような人からは常識にとらわれない新たな発想が飛び出す可能性があります。例えば事務職が困難でも、企画関係の部署ではアイデアマンになれるかもしれません。

理解のポイント

- 同じミスを繰り返すのは「スキーマ」の歪みのせい
- 失敗経験から学ぶことができない
- ワーキングメモリーの小ささも関係している

もしもあなたが発達障害なら…

ケアレスミスを克服するのと同様に、メタ認知能力を鍛えるのは、同じ間違いを繰り返さないためにも有効です。何かの作業をしている自分を、その上の空中に浮かんでいるもう一人の自分が見ていて、今何をしようとしているのか、どうしようとしているのかを観察している…というイメージを常に意識するようにトレーニングしてみましょう。

急な変更などに対して臨機応変な対応ができない

マニュアル通りにしか動けない

発達障害、特にASD、アスペルガー症候群の人の特性のひとつに、「マニュアル通りにしか動けない」というのがあります。マニュアルにないことはまったくできず、急な予定変更なども苦手なので、日々刻々と変化する状況に対して臨機応変な対応をすることが非常に困難です。仕事以外でも、例えばお店や施設に出かけて、そこが臨時休業だったりすると、途端にパニックを起こしてしまうことがあります。

また、一度決めたことをかたくなに守り、物事を毎回必ず同じやり方で進めないと気が済まないというのも、アスペルガー症候群の人によく見られます。このタイプも、作業の途中で別の緊急事態が発生したときでも、「いや、今はこっちをやらなきゃならないから」と言って動こうとしません。そのようなタイプの人は認知が歪んでいるため、「○○であるべき」という「べき思考」が極端に強くなっています。本人はそれが正しいことだと信じ込んでいますが、実はそれは信念などではなく、脳の器質からきている発達障害の症状に他ならないのです。

周りの人 ➡ 発達障害の人

日々さまざまな仕事を進めていく中で、急な事態が起きることは日常茶飯事です。そのとき、定型発達の人は予定の仕事をストップして、すぐにやらなければならない仕事にシフトします。ところが発達障害の人はそれがなかなかできません。周りの人は急ぎで片づけてほしい案件が出てきたのに、やってもらえないため非常に困ります。

発達障害の人 ➡ 周りの人

発達障害、特にアスペルガーの人には認知の歪みによる極端な「べき思考」が見られることがよくあります。一度決めたスケジュールに過剰にこだわり、決められたスケジュール通りに仕事を進める「べき」である、という考えにとらわれてしまっています。周りの人に奇異に思われても、過度の思い込みを自分で変えることは非常に困難です。

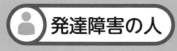

「マニュアル通りにしか動けない」人は、逆に「マニュアル通りに完璧にできる」人でもあります。このタイプの人には、曖昧な指示を避け、具体的な指示や説明を心がけましょう。細かい部分まで徹底的にマニュアルを作り込むことができれば、その通りに動けるので、完璧な仕事をしてくれます。「べき思考」が強すぎる人には、認知が歪んでいることを丁寧に根気よく説明していきましょう。本人が尊敬している人がいれば、その人に説明してもらうのも有効です。

理解のポイント

- マニュアルにないことはできない
- 急な予定変更に対応できない
- 一度決めたことをかたくなに守ろうとしてしまう

もしもあなたが発達障害なら…

予定変更にパニックを起こしてしまうような人は、予定変更は当たり前に起きることだ、というのをよく認識しましょう。「予定変更したからといって死ぬわけじゃない」ぐらいの気持ちを持つようにします。マニュアル通りにしか動けない自分に不安を持つ人は、まず「マニュアル通りには動ける」自分を肯定するところから始めましょう。

シーン
12

「あれ」「それ」などの曖昧な指示がわからない

抽象的な指示が理解できない

シーン11の「マニュアル通りにしか動けない」人と同じように、発達障害、特にアスペルガー症候群の人には「曖昧な指示や抽象的な説明を理解できない」という特性が顕著に見られます。例えば「あの件、いい感じに進めておいて」と言われても、「いい感じに進める」ということがどういうことなのかわかりませんし、「あの書類、適当なタイミングで片づけてくれるかな」と言われても、「適当なタイミング」というのがいつのことなのか、「片づける」というのが具体的に何を意味しているのかがわかりません。

しかも、そのようなタイプの人は具体的にどうすればいいのかを相手に聞くということがなかなかできないので、指示されたことについていつまでも思い悩むだけで時間が過ぎてしまい、結局ひとつも進んでいない…ということが起きがちです。また、上司が進捗を確認しようとして「あれどうなった?」と聞いても、「あれ」とは何か、「どうなった」とはどういうことなのかがわからず、まともに答えることができなかったりします。

周りの人 ➡ 発達障害の人

「大まかにまとめておいて」「なるはやでよろしく」…具体的な内容や定量的な数字などが含まれないこれらの指示を、定型発達の人は「阿吽の呼吸」や「暗黙の了解」などで察知して実行することができます。ところが発達障害の人にはこのような言い方が通じません。特に質問もないので進めてくれていると思ったら、何もできていなかったりします。

発達障害の人 ➡ 周りの人

発達障害の人には、「大まかにまとめておいて」という抽象的な指示が、具体的に何をどのようにすることなのか理解できません。しかも劣等感が強かったりするせいで、わからないことについて自分から質問して具体的な内容を聞くということが非常に苦手で、そもそも「何をどう聞いたらいいのかがわからない」という人も少なくないのです。

「マニュアル通りにしか動けない」人と同様、このようなタイプの人に対しては曖昧な指示を避け、なるべく具体的な言葉を使うようにするのが肝心です。「内容に誤字脱字がないか、数字に間違いがないかを確認して、でき次第知らせてくれ」「○日の△時までに提出してくれ」など、できるだけ詳しく、具体的な手順や数字などを入れて指示を出すようにします。アスペルガー症候群の人は真面目にコツコツやるのが得意な人が多く、指示が適切であれば完璧にこなせるはずです。

理解のポイント

- 抽象的な指示が理解できない
- わからなくてもなかなか聞くことができない
- 一人で考え込んで時間を無駄にしてしまう

もしもあなたが発達障害なら…

曖昧な指示が理解できないという自分の特性を上司に正直に打ち明け、なるべく具体的な指示がもらえるようにするのが理想的です。また、怖気づかずに自分が理解できるまで質問するのも大切です。その場合も、自分の特性について上司に断りを入れておけば、こちらが理解しようと頑張っていることが伝わるでしょう。

シーン
13
どれから先にやればいいのか仕事の優先順位がつけられない

作業ごとの緊急性や重要度が判断できない

定型発達の人は、緊急性・重要度の高い作業から進めていき、例えばすぐやれる作業でも急ぎではないものを後回しにしたりします。そしてその選別をごく自然に行っています。ところが発達障害の人にはそれができません。

発達障害の人は、脳の前頭前野の機能に問題があるため、物事の全体を俯瞰したり、先行きを想像したりするのが非常に不得意です。なので、仕事の優先順位がなかなかつけられません。また、シーン11のように、急な予定変更などに臨機応変に対応するのも苦手なので、緊急性の高い案件が後から入ってきたときに、今の作業を後回しにして手順を変更するというのが困難なのです。

そして、発達障害の人はストレスに対する耐性が低いという特性も持っています。そのため、緊急性も重要度も高いのに、大変そうだと思った仕事を自然と後回しにして先延ばししてしまうことも少なくありません。熱心に仕事をしているように見えて、実はすぐにやらなければならない重要な案件はまったく進んでいない…ということが起きたりするのです。

周りの人 ➡ 発達障害の人

「これ今日中にまとめといて」と言った場合、その仕事を先にやってその日のうちにまとめておくのは、定型発達の人なら当然理解できることです。お願いする方としては、その人がどれくらいの仕事を抱えているかなどは細かくは把握していません。仕事の優先順位はある程度、当人の中で決めて捌くことが当たり前なので、やってほしい仕事をひとまず頼んでいるだけなのです。

発達障害の人 ➡ 周りの人

発達障害の人は、そもそも急な予定変更に臨機応変に対応することが困難です。スケジュールを組み直す「リスケ」が上手くできないので、複数の仕事を抱えているところに「今日中にまとめといて」という急ぎの仕事が入ったときでも、通常なら当然するはずの「急ぎの案件を優先する」ということをすぐに判断できず、パニックになったりします。

発達障害のせいで仕事の優先順位がつけられない人には、周囲が優先順位をつけてあげることから始めるのが有効です。やるべき作業をリストアップして、優先すべき順位に従って数字を振っていきましょう。そしてそれをしばらく繰り返します。続けていくうちに、緊急性と重要度の判断基準が本人の中である程度マニュアルのようになっていきます。一朝一夕には成果が出ないかもしれませんが、根気よく支援を続けていれば、長期的に少しずつ学習の効果が表れるでしょう。

理解のポイント

- 脳の前頭前野の機能に問題があり、優先順位が判断できない
- 予定変更が苦手なので緊急性の高い仕事を優先できない
- ストレス耐性が低く、大変そうな仕事を後回しにしてしまう

もしもあなたが発達障害なら…

自分一人で努力して優先順位をつけようとするのは非常に難しいので、最初は周囲の協力を得て優先順位をつけてもらうようにしましょう。また、緊急性と重要度を縦軸・横軸で４つに分類したグラフを作ると、優先順位が学習しやすくなります。これも周囲の意見を聞きながら取り組むようにしましょう。

いくつもの仕事を整理しながら同時に進めることができない

複数の情報が処理できない

シーン13の「優先順位がつけられない」にも通じますが、発達障害の人は複数の仕事を同時に頼まれたりすると、どのように進めればいいのかがわからなくなり、パニックになったりすることがよくあります。それぞれの仕事に優先順位をつけられず、後から入ってきた仕事との優先順位の見直しもできず、先を見通して予定を組んで労力を配分する…ということもできません。それどころか、ひとつの作業に集中するあまりに話しかけられても気がつかなかったり、逆に話しかけられた瞬間に作業の内容が頭から飛んでしまい、作業の続きもできず、そして返事もまともにできない…ということも少なくないのです。

これらは特にアスペルガー症候群と不注意優勢型ＡＤＨＤの人に多い特性です。複数の情報が同時に入ってくると、それらの情報を上手に処理することがまったくできず、混乱して何もできなくなってしまいます。仕事だけではなく、例えば日常生活でも、一度テレビに見入ってしまうと外出の支度を忘れてしまったりするのです。

周りの人 → 発達障害の人

アポイントがどちらの日時になるかを確認して、それが終わったら数字を入力する…定型発達の人であれば難なくこなせるタスクです。「アポイントを確認する」「数字を入力する」という別々の作業を同時に指示されただけで混乱するとは思わずに、パニックになっている発達障害の人を見て、定型発達の人は、なぜできないのかわからず困惑してしまいます。

発達障害の人 ➡ 周りの人

発達障害の人は、頭の中で複数の情報を同時に処理することがとても苦手です。そもそも耳から入ってくる情報を処理することがうまくできないので、その場では相手の指示を聞きながら走り書きでメモを取っても、改めて見返してみると何のことやらさっぱり…となってしまいます。そのため、どれひとつとして進められなくなってしまったりするのです。

発達障害の人は、耳から入ってくる情報を適切に処理することが困難です。口頭での仕事の頼み事が立て続けに複数入ると、パニックになって何もできなくなったりするのはそのためなのです。

一方で、視覚的な情報を処理するのは得意です。なので、複数の頼み事は口頭で次々に伝えるのではなく、例えば紙に書き出した上でそれらの優先順位や具体的な手順も指示すると、途端にスムーズにいくことが多くなります。複雑なことも、画像で見せると瞬時に理解できたりするのです。

理解のポイント

- 複数の仕事をどう進めればいいのかわからない
- 作業の最中に他の話ができない
- 複数の情報を同時に処理できずに混乱してしまう

もしもあなたが発達障害なら…

何よりも重要なのは、周囲の協力を得ることです。できれば自分の特性を周囲の人たちに正直に伝えて理解してもらい、口頭での指示ではなく、例えば書面での具体的な指示をしてもらったり、画像や図解で見せてもらうと、理解度が一気にアップします。また、ワーキングメモリー（短期記憶）を鍛えることも非常に有効です。

電話が苦手でパニックに陥ってしまう

電話に向かない、発達障害の特性の数々

メールや社内のグループチャットなど、連絡の手段はずいぶん多様化しましたが、それでも電話応対の必要性・重要性はまだかなり大きいのが実状です。そして、新入社員など入ったばかりでできることが少ない人であれば最初のうちは電話番、という職場も少なくありません。

ところが、発達障害の人は電話応対を極度に苦手としています。「○○さんはいらっしゃいますか？」と聞かれて「はい、います」と言ったきり、取り次ぎもせず無言だったりするのです。また、相手の話を聞きながらメモを取ることができません。何を書いているのかわからないメモになったり、相手の言った内容と全然違っていたりします。これは同時に複数のことを処理できない、聴覚からの情報が頭に入りづらい、そしてワーキングメモリーが小さいといった特性によるものです。

さらに、先のことを想像するのが不得手なため、誰からかかってくるのか予測できないこと、相手が何を言ってくるのかわからないことに過度の恐怖を感じてしまい、電話に出るのを頑として拒絶する人などがいたりもします。

周りの人 ➡ 発達障害の人

新入社員のうちは電話応対もぎこちないのが当たり前で、とんちんかんな受け答えをしてしまうことも決して珍しくはありませんが、発達障害の人はいつまでたっても電話応対が苦手なままで、周囲が引いてしまうぐらいあたふたする上に、ちょっとした取り次ぎもできなかったりします。場合によっては相手を怒らせてしまうことも…。

発達障害の人 ➡ 周りの人

発達障害の人は、電話がいつ誰からかかってくるのか、何を言われるのかが予測できないことに恐怖を感じます。そして耳から入ってくる情報を処理しづらいために相手の言うことを一発で聞き取ることもできません。また同時に複数のことが処理できないせいで、話を聞きながらメモを取るのも難しく…と複数の苦手が重なり、電話応対が鬼門になってしまうのです。

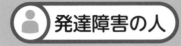

発達障害の人には自己肯定感の低い人が多いため、小さな失敗をしたり、ちょっと注意されたりしただけで、人生が終わってしまったかのように落ち込むことがよく見られます。過度に萎縮する必要はない、聞き取れなかったら聞き直してもよいということを丁寧に説明した上で、電話応対についてのマニュアルを作成して、すぐ見られるように電話機の前や横に置いておくようにしましょう。それだけで安心感がかなり変わってきます。電話に限らず、発達障害の人には何事も詳細なマニュアルを用意するのが有効なのです。

理解のポイント

- 適切に取り次ぐことができない
- 相手の話を聞きながらメモを取れない
- 電話応対に恐怖を感じてしまい、電話に出られない

もしもあなたが発達障害なら…

上司にお願いして、電話応対のマニュアルを用意してもらいましょう。また、ビジネスマナーの本には、「電話は２コール以内に出る」と書いてあることが多いのですが、発達障害の人が心の準備をするには、２コールでは短すぎます。ここはあえて３コール以内で受話器を取らせてもらうと、１コールの違いでも落ち着き具合が違ってくるものです。

シーン16

他の人と共有すべき事柄を抱え込んでしまう

やる気がないわけではないのに…

社会人なら、ビジネスマナーの基本の「き」として、「報連相（ホウレンソウ）」＝「報告」「連絡」「相談」の重要性を知っている人は多いはずです。ところが発達障害の人には、この基本中の基本ができない人が少なくありません。

新入社員のうちは誰でも報告・連絡・相談することに気後れや恥ずかしさを感じるものです。その上、発達障害の人はとても強い劣等感を持っているため、ある程度仕事に慣れている人でも報連相に過度の恐怖や恥ずかしさを抱いてしまうことがあります。それゆえ報連相がまったくできず、上司に悪い印象を持たれてしまいます。特に受動型のアスペルガーの人によくあります。

ところが確認してみると、報連相のないままに仕事自体はちゃんと進められていたりします。発達障害の人は、別にやる気がなかったり、報連相をサボろうとしているわけではないからです。中には自分がわかっていることは相手も承知していると思い込んでいる人、しなくても仕事は回るのだから必要ないなどと考えている人もいます。これらは認知の歪みによるものです。

周りの人 ➡ 発達障害の人

上司の方では、当然ながら仕事の進行に合わせての報告・連絡・相談があるものと思っています。報連相は社会人としての基本中の基本です。ところが、発達障害の人からはその報連相がまったくなかったりします。仕事が問題なく進んでいるのか、そもそもどこまで進んでいるのか、把握のしようがなく、不信感が募ってしまうのです。

発達障害の人 ➡ 周りの人

発達障害の人は、報連相の重要さについての認識を上司や周囲と共有できていません。これは障害の特性である、独断的・独善的な判断をしがちなこととも関わっています。本来は必要である報連相を、気後れなどからついつい後回しにしてしまうだけでなく、必要性の有無を勝手に判断して「報告しなくてもいいか」となってしまったりもするのです。

報連相に「快楽」の感情を持つようにしてあげるのが有効です。報告に対して「よく報告してくれたな！」と大げさに褒めるぐらいにしてみましょう。すると本人は報連相は気分がいいことと感じ、報連相ができるようになっていきます。報連相に意味がないと思っている人には、一度職場のミーティングなどで報連相の重要性を確認する機会を持ち、じっくり話し合ってみることが有効です。その際、報連相の適切なタイミングも共有しておくようにするとよいでしょう。

理解のポイント

- 劣等感が強く、報連相に過度の恐怖や恥ずかしさを抱いてしまう
- 決してやる気がないからではない
- 報連相を必要ないと思い込んでいる人もいる

もしもあなたが発達障害なら…

報連相ができないという自覚がある人は、報連相が怖いものでも恥ずかしいものでもない、という認識を持つように努めましょう。また、上司と相談して報連相のタイミングや内容をマニュアル化するのも有効です。相談をしたことで仕事がうまく進んだ、などの成功体験を積み重ねれば、報連相に対する抵抗感などは薄れていくでしょう。

誰かに手伝ってもらったり頼ったりすることが苦手

断れない、頼めない

発達障害の人は強い劣等感を抱えていることが多いです。そのため、他人の頼みを断れない、その一方で自分からは人に頼めない、という特性を持つ人が少なくありません。

自分に自信がないため、他人に悪く思われるのを極度に恐れ、頼まれ事を上手に断ることができない一方で、「断られたらどうしよう」「人に頼むのは恥ずかしい」「人に頼んだりせず、自分一人でやり遂げなければ」という気持ちも過剰に強く、頼み事もうまくできません。また、人に頼み事をするのに負い目を感じすぎ、そのためいつもお礼や見返りについて考えすぎてしまい、そのことが心の重荷となって結局人に頼めない、というタイプの人もいます。

断れない、頼めない…この2つが合わせ技になると、一人で大量の仕事を抱えて身動きが取れず、納期に間に合わない上に、仕事の質も十分なものにはなりません。結局は、かえって周囲に大きな迷惑をかけるような事態になってしまうのです。

周りの人 ➡ 発達障害の人

誰かが一人で大量の仕事を抱えているのを見れば、周囲は当然心配になります。みんな忙しいのはもちろんですが、一声相談してくれればちょっとずつでも手助けし合って進められるはずです。ところが発達障害の人は往々にしてそれをしようとせず、一人で抱え込んだまま身動きがとれなくなり、結果的に全体のスケジュールも破綻させてしまいます。

発達障害の人 ➡ 周りの人

発達障害の人は、多くが頼み事に対する負担感や抵抗感を抱えています。劣等感からくる恥ずかしさ、「人に頼んではいけない、自分で片づけなければ」という「べき思考」の強さ、そして手伝ってくれた相手に対してのお礼などを負担に感じたり、そもそも頼んだり説明したりするのを面倒に感じたりで、どうしても人に頼めなくなってしまうのです。

劣等感が強すぎるなどで、仕事を一人で抱え込んでしまうような人に対しては、周囲の配慮が望まれます。日頃から職場内で全員がお互いに助け合える雰囲気を作り、本人にもちょっとした頼み事をするようにして、向こうからも頼み事をしやすい感じにしておきましょう。

また、手助けや手伝いに対して、職場全体でちょっとしたお返し（お菓子を渡すなど）をするルールを作っておいてもよいでしょう。発達障害の人への配慮が結果的に職場内の雰囲気もよりよくするかもしれません。

理解のポイント

- 劣等感が強すぎる
- 「断られるかもしれない」「頼むのが恥ずかしい」と思ってしまう
- お礼や見返りのことを考えすぎてしまう

もしもあなたが発達障害なら…

最初から、手伝ってもらった相手に対するちょっとしたお礼をマニュアルのようにリスト化しておくと、頼み事に対する心理的な負担感はグッと軽くなります。そして、上手に頼み事ができるようになれば、仕事の効率もアップし、手伝ってくれた相手もお礼をもらえてウィンウィンだ、ということを意識するとよいでしょう。

他人のミスはよく覚えており細かく指摘する

認知が歪んでいる

発達障害、特にアスペルガーの人には、他人のミスにやたらと厳しい人が少なくありません。しかも、自分のことは棚上げして他人を責めたりするのです。

発達障害の人は自身もケアレスミスが多かったりするものですが、ワーキングメモリーが弱いために直近の失敗を忘れて同じミスを繰り返したりする一方で、長期記憶が非常に優れていることが多いため、ずっと以前に他人が犯したミスの細かいところまで記憶していることがよくあります。しかも正義感が過度に強かったり、自分の独断的・独善的な「正しさ」にこだわる傾向もとても強いので、他人のミスや、自分が正しくないと思うような行動が許せなかったりします。

自分のことは棚上げして、他人のミスは執拗に、しかもずっと以前のことにまでさかのぼって繰り返し責めたりする上に、ときには非常に攻撃的な態度に出たりもします。これでは、周りの人はたまったものではありません。そのようにして周りの人たちとの人間関係を悪化させてしまうことは、よく見られます。

周りの人 → 発達障害の人

発達障害の人は、他人のミスを事細かに覚えていたりするものです。しかもずっと前のことも忘れておらず、事あるごとに蒸し返したりします。ところが本人も日常的にケアレスミスを連発しているのに、そのことはまるで意に介さない風だったりもします。周りの人たちからは「お前が言うな！」と思われてしまったりもするのです。

発達障害の人 ➡ 周りの人

発達障害の人が他人のミスをやたらと責め立ててしまうのは、独善的な正義感によるもので、本人は「指摘するのが相手のためになる」と、純粋に善意のつもりでやっていたりします。しかも相手に嫌がられていること、周囲に疎ましがられていることなどには考えが及びません。これらは特有の「認知の歪み」から発しているのです。

他人のミスや、本人が「正しくない」と思っていることに対する怒りが強く出て、過剰に攻撃的な態度になってしまっているときは、できれば動画を撮っておくようにします。本人が落ち着いてからそれを見せると、自分がみっともない行動をしていることに気づくものです。その上で、本人の認知の歪みについて粘り強く説明しましょう。他人の昔のミスを何度も蒸し返す場合は、「それはもう終わったこと」というのを丁寧に、かつきっぱりと説明することを繰り返します。

理解のポイント

- 自分の思う「正しいこと」「正しくないこと」にこだわりすぎてしまう
- 長期記憶が発達しているので、他人の失敗をいつまでも覚えている
- 空気が読めず、周りがうんざりしていても気づけない

もしもあなたが発達障害なら…

自分がやっていることを俯瞰して把握する、メタ認知能力の鍛錬が不可欠です。それには周囲の協力が重要になります。他人のミスに厳しすぎる、話を蒸し返してしまっている、などが起きたときには、周りの人に指摘してもらいます。その際、言い返したりせずにその場で素直に謝る、ということをルール化しておくようにしましょう。

シーン
19
何度注意されても遅刻を繰り返す

動きに無駄が多い

遅刻が多いというのも、発達障害の人によく見られる特性です。なぜ遅刻が多いのかというと、その理由は大きく2つに分けられます。

まずひとつは、朝起きられなかったり、二度寝してしまったりするからです。発達障害の人には、睡眠がうまく取れていないという人が少なくありません。意識して毎晩早くベッドに入るようにしても、睡眠の量・質に問題があれば、当然毎朝決まった時間にスッキリ起きるというのは難しくなってしまいます。

そしてもうひとつは、動きに無駄が多く、そのためにひとつひとつの行動が非効率で、余計な時間がかかってしまうということです。すぐに出かける支度をしなければならないのに、突発的に思いついたことをしているうちに、どんどん時間が過ぎてしまったりします。また、部屋やデスクが片づいていないために、必要なものが見つからず、打ち合わせが始められなかったり会議のスタートに間に合わなかったりもするのです。

周りの人 ➡ 発達障害の人

定型発達の人でも遅刻癖のある人はいますが、発達障害の人の場合は度を越えた頻度だったりします。また、朝の出勤だけではなく、社内の会議や取引先との打ち合わせ、そして友人との待ち合わせなど、あらゆる場面で遅刻することが頻繁に見られるのです。朝、確かにモーニングコールに出たはずなのになぜか間に合っていない、ということも少なくありません。

発達障害の人 → 周りの人

発達障害の人は注意力や集中力を持続するのが苦手で、そのとき目にしたものにすぐ意識が引っ張られてしまいます。何かをやっているときに他の何かが気になってしまい、手が止まってしまったり、突然関係ない他のことを始めてしまったり…というのはしょっちゅうなので、遅刻に限らず仕事などもなかなか効率的に進められなかったりするのです。

遅刻癖も発達障害の症状のひとつなので、「甘えがある」とか「学生気分が抜けていない」とか性格的なところを非難するよりも、どのように対処するべきなのかを本人と一緒に考えるようにしましょう。例えば、モーニングコールを複数の人が別々のタイミングでする（起きたあとにも）のも有効かもしれません。

効率的に動けない人には、仕事の作業の手順などだけでなく、例えば毎朝身支度をするときのひとつひとつの動作なども細かくマニュアル化できれば理想的です。

理解のポイント

- 睡眠がうまく取れず、朝起きられない
- 動きに無駄が多い
- 効率よく行動することができない

もしもあなたが発達障害なら…

朝起きられない人は、まず睡眠の質を改善し、睡眠時間もしっかりと確保することから始めましょう。行動が非効率な人は、支度のときなどのひとつひとつの行動を記録しておいて、無駄な動きを洗い出していくのが有効です。「遅刻しない日が○日続いたら自分へのごほうびを買おう」と決めておいたりするのもよいでしょう。

Column

発達障害をサポートするアイデア

◉色々なアイテムを活用しよう

発達障害をサポートするためのすぐにできそうな簡単な工夫を紹介します。まず、今抱えている仕事にどんなものがあるかを視覚化するために大きめのホワイトボードを用意し、そこに作業名を書いた付箋を貼り付けていきます。左側には今日やることを全部並べて、終わったら右側に移してもらうようにします。こうすれば、いま抱えている仕事のどれが終わって、どれが未着手なのかわかりやすいからです。

また、集中力が切れやすい方には、パーテーションや耳栓などを用意してあげて、余計な情報が入ってこないようにしてあげましょう。こうした環境で集中してもらうと短時間で一気に作業を終わらせるＡＳＤの方もいます。

教えてもすぐに忘れてしまう方のためには、聴覚優位の方であればボイスメモも有効です。視覚優位の方であれば、トラブルがあって解決したときにそのことをスマホやＰＣなどのメモにまとめておくようにします。それがたまれば、その人だけのトラブルシューティング事例集になり、同じミスは減るはずです。また、今のスマホには必ずビデオがついていますし、録音機能もついていますので本人の姿を録画、録音してもらい、メタ認知を強化するのも有効です。

第3章

右往左往の日常生活編

発達障害と日常生活

本人は気にしていない場合もある

発達障害の人が困ってしまうシーンは、職場以外でも色々とあります。日常生活では、家事や育児、金銭管理、友達付き合いなどさまざまなシーンでトラブルの可能性があります。複数の家事が並行してできない、片づけができずに家を「汚部屋」化してしまう、共感能力に乏しく友達の相談が聞けないなど数多くのケースがあります。

改めて書き出してみると、そういった日常生活のこまごましたことに必要な能力というのは、やるべきことを期日までに行う、複数のやるべきことに優先順位をつけて確実に終わらせる、円滑なコミュニケーションをはかるなど、職場で必要とされる能力とあまり変わりありません。それゆえ、職場でそういったことが苦手だった発達障害の人が日常生活でも大変な思いをしてしまうのはある意味必然ともいえます。

ただ、ほぼ必ず周囲との協力が必要で、失敗すれば迷惑がかかる職場とは違って、片づけや整理整頓などは誰かと一緒に住んでいない限り、そこまで他人に迷惑をかけるようなものではありません。友達付き合いも、友達がいないのであれば対人関係トラブルの起きようがありません。そのため、日常生活においては発達障害の本人は大して苦しんでいないというケースも見受けられます。

とはいえ同居の家族や付き合いのある友人であれば、日常生活で起こるトラブルのひとつひとつに「まぁいいか」とは思えないのが本音でしょう。本人が問題と思っていなくても改善してくれれば一緒に過ごすのも楽になりますし、本人にとっても生活していく上でよい効果が生まれるはずです。

日常生活編では、家庭と対人関係という大きく2つの状況に分け、さらに細かくシーン別に見ていきます。日常生活における発達障害の人の頭の中を覗いて理解し、サポートに役立てましょう。

△高性能家電で負担は軽減できたとしても、複数の作業を同時進行させるのには訓練が必要

△アスペルガーの人は前頭葉が萎縮しており、何をどこに置けばいいか想像できない

デスクや部屋がいつもぐちゃぐちゃで片づけができない

前頭葉の器質的問題とメタ認知の能力の弱さが原因

発達障害、特にアスペルガー症候群や多動衝動性優勢型ＡＤＨＤの人には、片づけが苦手という人が少なくありません。発達障害の人は前頭葉に器質的な問題があるため、どのように片づけるべきかという想像力が働きにくく、また、そもそも片づけようとする気持ちを起こす意志の力や、作業を根気よく続けようとする継続力があまりなかったりすることもあります。また、自分や物事の全体像を俯瞰して見るメタ認知能力が弱いために、ひどく散らかっている部屋なのに本人はそれをまったく認識していない…ということもあったりするのです。

人間の長い歴史の中で、食料の供給などが比較的安定したのはかなり最近です。そのため、人間には食料などのモノを捨てずに貯蔵しておこうとする傾向が、誰にでもある程度備わっています。そこに、上に挙げたような発達障害の特性が合わさると、ますますモノをため込んで片づけられないということになってしまうのです。ゴチャゴチャした部屋ではリラックスできず、無意識にストレスを抱えてしまいます。

周りの人 ➡ 発達障害の人

片づけができない人の部屋の中や机の上は、とにかくいつもモノであふれ、ゴチャゴチャしています。周囲に嫌がられたり注意されたりすると、「片づけなくちゃ」と言ったり、実際に片づけを始めたりもするものの、すぐに他のことに気移りしてしまいます。知らない人の部屋であれば「汚いなあ」で終わりますが、家族や同僚などはうんざりさせられてしまうのです。

発達障害の人 ➡ 周りの人

発達障害の人はそもそも片づけなければという意志の力が弱く、また実際に片づけを始めても、作業をする集中力や持続力が弱いので、片づけの最中に出てきたモノにすぐ意識を持っていかれてしまうのです。片づけていたはずが、モノの中から出てきたマンガを読んでいたり、ゲームを始めてしまったり…といった具合で、なかなか整理が終わりません。

発達障害の人は、言葉で注意したり説明したりしても、なかなか頭に入りにくい特性を持っていることが多いのですが、逆に視覚的な情報を理解する能力はとても高いことが多いので、片づけの具体的なやり方を写真や動画などで見ることができると、スムーズに片づけられたりします。

また、きれいに片づいた部屋を写真に撮っておき、散らかってきたときにはその写真の通りの部屋の状態に戻すようにしてもらうと、きれいな部屋をキープするのもより容易になるでしょう。

理解のポイント

- どのように片づけるかという想像力が働きにくい
- 意志の力・継続する力があまりないことも
- 人間は元々モノをため込もうとする傾向がある

もしもあなたが発達障害なら…

家族などに協力してもらい、「今日片づけをしなかったらこの“汚部屋”の写真をSNSに載せる」「おかずを減らす」などのプレッシャー（環境圧力）を与えてもらう一方で、逆に「片づけたらケーキを食べていい」などの快楽・報酬を設定してみましょう。つまり、アメとムチです。また、片づいた部屋を毎回写真に残しておくようにしましょう。

シーン
21

本当に必要な物が判断できず、荷物がやたらと多い

「予期不安」が強すぎる

シーン20の「片づけができない」にも通じるケースで、発達障害の人には、やたらとたくさんの荷物を持ち歩いている人がかなりの確率で存在します。シーン9に出てきた「忘れ物が多い」の裏返しのような感じですが、このタイプの人は何でもかんでも持ち歩いている分、確かに忘れ物がありません…とはいえ、一方で無駄な持ち物が多く、しかも実際に必要な物を出そうと思っても、どこに入っているのかわからなかったりすることが多いのです。そして、何が入っているのか自分でも答えられなかったりします。これでは忘れ物をするのとそう大差ありません。

発達障害の人の荷物がやたらと多くなってしまうのは、持っていくべき物とそうでない物の必要性や優先順位が判断できないせいです。先の見通しを持つことが苦手で、不安感（予期不安）が大きすぎるため、「いつか使うかもしれない」と思う物を持ち歩かずにいられなくなってしまいます。しかし実際には、それらの大半は使う機会がそこまでないようなモノばかりなのです。

周りの人 → 発達障害の人

バッグをパンパンにふくらませている人、なぜかいつも大きなキャリーケースを持って移動している人…そんな人が、あなたの周りにも何人かいるかもしれません。一見すると、役に立つモノが何でも入っているように見えますが、実際にはバッグの中は混沌そのものです。かえって、使いたいモノはなかなか出てきません。

発達障害の人 → 周りの人

やたらと多くの荷物を持ち歩く発達障害の人は、「予期不安」が非常に強く、「何があっても大丈夫なように」と思い込んでいろいろ詰め込みがちですが、それこそがまさに大きな落とし穴です。コロナ禍以降のご時世、マスクの予備を何枚も持っている人もいますが、残念ながらバッグの中でヨレヨレになってしまっていたりします。

ふくらんだバッグや大きなキャリーケースの中に一体何が入っているのか、一度聞いてみましょう。本人が答えられなければ、荷物の「断捨離」のチャンスです。何が入っているのかを実際に書き出してもらい、1週間ごとに実際に使った物・使わなかった物を確認してもらうようにします。1ヵ月後、結局1ヵ月まったく使わなかった物をバッグから出して、もう持ち歩かないようにしてもらいましょう。これを繰り返していくうちに、大量の荷物はどんどんスッキリしていくはずです。

理解のポイント

- 本当に必要な物が判断できない
- 「予期不安」が強すぎ、必要のない備えをしてしまう
- 何が入っているのか自分でもわからなくなる

もしもあなたが発達障害なら…

まず自分の荷物の中身をきちんと把握しましょう。何が入っているかを書き出して、1週間ごとに使わなかった物をチェックし、1ヵ月使わなかった物はもう荷物に入れないようにします。期限の切れたお菓子などは、すぐに捨てましょう。本当に必要な物が次第にはっきりして、色々な物を持ち歩いてしまう不安も軽減するはずです。

洗濯機を回しながら掃除機をかけるなどいくつもの家事を同時にこなせない

マルチタスクが苦手

第2章でも「電話で話しながらメモが取れない」などの事例がありましたが、発達障害の人は、いわゆるマルチタスクを極度に不得手とする特性を持っています。これは、右脳と左脳をつなぐ脳梁が定型発達の人に比べて細く、左右の脳の連携が難しいためとされています。定型発達の人でも、一般に女性よりも男性の方が脳梁が細いので、そのため男性の方が複数のタスクの同時並行処理が苦手といわれます。発達障害の人の脳は、この「男性型」の脳をさらに極端にしたような感じです。

そのため、発達障害の人には、さまざまなことの手順やバランスを考えながら同時並行でこなさなければならない家事や育児が極度に苦手、という人が少なくありません。例えば、パスタを茹でている間にサラダを作っておく、などは非常に困難ですし、それどころかそのときに特売のチラシを見つけてしまったとしたら、火にかけた鍋のことをすっかり忘れてスーパーに急いでしまったり……などのような危険もあり得るのです。

周りの人 → 発達障害の人

「専業主婦には昼間たっぷり時間があるはず」という考えは、今の時代そもそも家事や育児に協力的でない男性の誤った認識かもしれません。しかし、夫が仕事を終えて帰宅すると、掃除も洗濯も済んでおらず夕食もできていなかった…という話は時々聞かれます。もちろん、それだけでは判断できませんが妻の発達障害が疑われる事例です。

発達障害の人 ➡ 周りの人

発達障害の人は、自分で手順を考えて物事をスムーズに処理していくのが苦手です。色々なことを同時に並行してやる必要がある家事や育児などはなおのことで、ひとつのことをやろうとすると他のことが頭から抜けてしまったり、複数の家事を並行しようとしてどれも中途半端になって、結局何も終わらなかったりします。

発達障害のため、自分では家事を上手に段取りすることができず、うまく進められない人でも、家事にまつわるさまざまな作業をマニュアル化して、絵や写真などの図解を見ながらひとつずつ確実に作業をこなしてもらうことで、かなりの改善が期待できます。

もしも経済的な状況などが許すようであれば、特に苦手とする家事には家事代行サービスなどのアウトソーシングを利用することも考えましょう。また、家族が積極的に家事を分担して助けることも大切です。

理解のポイント

- 複数のことを同時並行処理するのが苦手
- 左右の脳の連携に問題がある
- 何かひとつやろうとすると他がおろそかになってしまう

もしもあなたが発達障害なら…

例えば、室内にカメラを設置して、日頃の家事の様子を撮影しておき、その映像をチェックしてみましょう。ムダな動きが多いなど、家事が進まない理由がわかるはずです。映像を観てもどこに問題があるのかわからない、問題はわかったがどうしたらいいのかわからない、などの場合は第三者にチェックを頼むようにするとよいでしょう。

衝動がコントロールできず、金銭管理ができない

目先の欲しいものにお金をつぎ込んでしまう

金銭管理ができないというのは、発達障害の人、特にＡＤＨＤの人によく見られます。ＡＤＨＤの人は衝動的な行動をコントロールするのがとても苦手で、計画的なお金の使い方ができないからです。

音楽ファンの中では、サブスク主流の現在にあってもレコードやＣＤのジャケットにピンときて、思わず買ってしまう「ジャケ買い」は珍しくありません。そのように、定型発達の人でも「衝動買い」というのはよくあります。ＡＤＨＤの人の場合は、その衝動買いの割合が度を越して多くなりがちなのです。

このようなタイプの人は、公共料金などを引き落としにする手続きを面倒がって後回しにしてしまうことも多く、しかも払込用紙をなくしてしまったりするので、電気やガスを止められてしまったりもします。目先の欲しいものについついお金を使ってしまうので、貯金などは全然できなかったりするばかりか、際限なくキャッシングを重ねて大変なことになってしまう人もいます。

周りの人 ➡ 発達障害の人

電気・ガス・水道といった、最低限の「ライフライン」の支払いがきちんとできないというのは、発達障害、中でもADHDの人に多いトラブルです。生活を維持するために絶対に必要な支払いを後回しにする一方で、まったく意味がなさそうに見えるモノにお金をどんどんつぎ込んでしまったりするので、家族は理解に苦しむことになります。

発達障害の人 ➡ 周りの人

発達障害、特にADHDの人は、自分の衝動をうまく制御することがとても困難です。生活費などに取っておかなければならないはずのお金も、そのときに欲しいと思ったモノに費やしてしまいます。そもそも計画的にお金を使うという意識がまったくないこともあり、場当たり的にキャッシングを繰り返してしまったりする人もいるのです。

アメリカ大リーグの伝説的なホームラン王、ベーブ・ルースも、浪費癖がひどかったことで知られ、発達障害だったのではないかともいわれています。球団はベーブ・ルースに、お金の出入りをチェックする役割の人を付けて、厳しく管理しました。同様に、金銭管理が苦手な発達障害の人には、周囲がある程度介入して金銭管理を手伝ってあげる必要があります。まずは計画的にお金を使わないと生活が立ち行かない、ということを、よく説明してわかってもらうのが先決でしょう。

理解のポイント

- ADHDの特性として、衝動のコントロールが難しい
- 必要な払込用紙もなくしてしまったりする
- そもそも計画的にお金を使う意識がないことも

もしもあなたが発達障害なら…

いつもお金のやりくりに苦しんでいることを自覚している人は、早いうちに周囲に相談することが重要です。お金のことは、近しい人にはかえって相談しにくいものですが、今では発達障害者支援センターや就労移行支援事業所などの機関や施設が相談の窓口を設けています。そこからこうした困り事の支援に結びつく可能性もありますので相談してみましょう。

人間関係をうまくこなそうとして、人の気持ちを気にしすぎる

人付き合いをうまくやらなければと考えすぎてしまう

シーン6で紹介した「空気を読みすぎる」タイプの人にも共通しますが、空気を読まず他人の気持ちを考えられない、そんな一般的な発達障害のイメージと裏腹に、人の気持ちをやたらと気にしすぎるタイプの人もいます。特にアスペルガーの受動型の人に多く見られます。

発達障害の人は、その多くが人間関係に恐怖や苦痛を感じています。先の見通しを立てにくい発達障害の人にとって、人間ほど予測不可能な存在はないからです。一方で、他人の気持ちをうまく考えられないような人ほど、逆に「人間関係をちゃんとこなさなければ」という、過度の「べき思考」にとらわれていたりします。

実際にはどうしようもなく苦手なのに完璧にやらねばという意識ばかりが強い…というのは、かなりのストレスです。わからないなりにどうにか人の気持ちや場の空気をくみ取ろうとしても、ストレスは増えるばかりです。そして、人間関係のトラブルが繰り返されると、恐怖や苦痛のあまり人付き合いを避けてしまうようになったり、場合によっては引きこもってしまう例なども見られます。

周りの人 ➡ 発達障害の人

飲み会の二次会でカラオケに行こうという話になったのが結局バーに行くことになったり、美術館に行こうと思ったらものすごい行列であきらめて予定を変更したり…というのは普通にあることです。また、定型発達の人同士なら、その急な予定変更が嫌だったら、やんわりと嫌だと伝えてやっぱり予定通りに行動するかもしれません。発達障害の人はその気持ちを隠すため、周囲の人は気づきません。

発達障害の人 ➡ 周りの人

発達障害の特性で場の空気を読んだり予定を変更したりすることが苦手でも、一生懸命頑張って周りに合わせようと努力している人もいます。しかし、そのようなタイプの人は人間関係にいつも大きなストレスを感じながら暮らしているのです。一方でストレスに対する耐性が低いので、あるとき急に心が折れてしまったりすることも少なくありません。

「空気を読みすぎてしまう」タイプの人と同様に、「人の気持ちを気にしすぎる」人に対しては、本人が本音を隠してストレスをためすぎてはいないか、周囲が配慮する必要があります。

　このタイプの人は口数が少なく、一見して人当たりがよかったりするため見落とされがちなのですが、周りに合わせようとするあまり、いつも過度のストレスを抱え込みがちなので、友人や家族が時々うまく本音を引き出してあげられるような環境が整えられることが望まれます。

理解のポイント

- 予測の立たない人間関係に恐怖を感じている
- 「ちゃんとやらなければ」という「べき思考」が強い
- ストレスが重なってひきこもりになってしまったりも…

もしもあなたが発達障害なら…

まず、「人付き合いを完璧にこなさなければならない」という過度の思い込みを捨てることから始めましょう。実際には、定型発達の人でも多くが人間関係に悩まされていて、誰とでも「ちゃんと」付き合える人などいないのです。人とは「ほどほど」に付き合えればそれでいい、と思えるようになれば、気持ちはずいぶんと楽になるでしょう。

早口であちこちに話題が飛ぶ

多動衝動性優勢型のADHDに顕著

やたらと早口で一方的に話し続け、しかもその話している内容が脈絡なくあちこちに飛びまくる…という人は、この本を読んでいるあなたの周りにも何人かいるかもしれません。そしてそのような人は、多動衝動性優勢型のADHDの人かもしれません。

一般に、女性は男性に比べて話の内容があちこちに飛びやすい…ともいわれますが、多動衝動性優勢型のADHDの人の場合は、その話の飛び加減が明らかに度を越しています。話題が次々に切り替わるだけでなく、誰かの話をする場合にもその誰かについての説明が一切なく、一方で主語が曖昧で「誰か」の話をしているのか「自分」の話をしているのか、よくわからなくなってしまうのです。

話の内容がわからなすぎて、基本的な部分について質問しても、それにはまったく答えず、よくわからない話が一方的に延々と続いたりします。聞いている方は疲れ果ててしまいますが、本人はおかまいなしだったりするのです。

周りの人 → 発達障害の人

多動衝動性優勢型のADHDの人は、自分の興味の赴くままに一方的に、しかも一貫性のない話題を次々に話し続けます。周りの人には口を挟む余地もありません。話を整理してもらおうと質問したとしても、それにまともな答えが返ってくることもなく、場合によってはそこからさらに話題が飛んで、まったくわけがわからなくなってしまうのです。

発達障害の人 → 周りの人

本人の頭の中は常にいろいろな考えや話題であふれかえっています。そして、それを系統立てて相手にわかりやすく話すという意識がなく、思いついたことを次々に話してしまったりするのです。認知の歪みから自分が知っていることは相手もわかっていると思い込み、本人にとっては、おしゃべりが成立している楽しい時間なのです。

このようなタイプの人には、話をなるべく整理してもらえるように働きかけていく必要があります。話の途中で質問を挟むようにして、「何の話をしているのか」「その話の主語は誰なのか」を明らかにしてもらうだけで、話はずいぶんスッキリとわかりやすくなるものです。話題が飛んだと感じたときには、それが「さっきまでの話とどのような関係があるのか」を尋ねるようにしましょう。これを繰り返していくと、本人も少しずつ話題を整理して話せるようになるはずです。

理解のポイント

- 多動衝動性優勢型のADHDの人に多い
- 一貫性のない話を一方的にまくし立ててしまう
- 頭の中にあることを整理できないまま話してしまうせい

もしもあなたが発達障害なら…

あなたが「話に脈絡がない」ということを周囲に指摘されて気にかけている場合は、「話に一貫性を持たせる」ことを意識しましょう。そのためには、話し始める前に一呼吸置いて、「何について話すのか」を考えるのが大切です。早口もエスカレートしがちなので、努めてゆっくりと、時々間を置きながら話すように心がけるとよいでしょう。

楽しいことがあっても悲しいことがあってもなぜか無表情

別に不機嫌なわけではない

発達障害、特にアスペルガー症候群の人によくある外見的な特徴のひとつに、無表情というのが挙げられます。中でも受動型や孤立型のアスペルガー症候群の人は、自分から発言することが少なく、無表情に黙り込んでいることが多いので、周囲から「怖そう」「おとなしい」という印象を持たれがちです。そして口を開いてもやはり表情に乏しく、とても不愛想に見えてしまいます。アスペルガー症候群の人は、実際には心の中にとても不安定な感情を抱えていることが多いのですが、その感情がなかなか表に出ません。特につまらないとか不愉快だとか思っていないときでも無表情なままで、クールを通り越して怒っているようにも感じられてしまうのです。

もちろん本人は特別不機嫌なわけでも、かたくなに無表情を貫こうと思っているわけでもありません。メタ認知能力が弱く、自分がどういう表情をしているかに意識が向かないこともあり、本人が特に考えたりすることもなく、自然にしているだけで無表情だったりするのです。しかしそれを見ている周りの人たちは、いい気持ちはしないでしょう。

周りの人 ➡ 発達障害の人

話題が面白ければ表情も緩むというのは、人間なら当たり前のことです。定型発達の人はそのようにして、言葉だけに頼らなくともお互いの感情や場の空気を共有することができます。ところが喜怒哀楽が表情に出にくいのが発達障害の人、特にアスペルガー症候群の人です。本人は気にしていませんが、周りの人は何があったのかと気を使ってしまいます。

発達障害の人 ➡ 周りの人

アスペルガー症候群の人は思ったことに反して、感情が表に現れにくく、しかもメタ認知能力が弱いため、自分が無表情でいることに気づくこともありません。例えば本人の内面では大ウケしているような認識でも、それが外面にほとんど反映されないので、本当は楽しんでいるにもかかわらず能面のような顔だったりすることがあります。

まず本人に、無表情になりがちなこと、それが怖そうに見えていることを伝えます。できれば写真や動画などで実際の様子を見せ、自覚を促すようにするとよいでしょう。それだけで本人が自分の無表情さに驚き、改善される場合もあります。そして、無表情になっているときには「また無表情になっているよ」と指摘するようにしましょう。アスペルガー症候群の人は不愛想に見えても内面は不安定で繊細なので、とがめるような調子ではなく明るい感じで声をかけるようにします。

理解のポイント

- アスペルガー症候群の人に多いのが無表情
- 周囲から怖そうと思われてしまう
- 本人は特に不機嫌なわけではない

もしもあなたが発達障害なら…

無表情を自覚している人は、まず鏡の前で笑顔を練習しましょう。バカバカしく感じられるかもしれませんが、アスペルガー症候群の人は自然な笑顔も練習で身に付ける必要があります。笑顔のシールなどを目印（アンカー）として持ち物に貼っておき、それが目に入ったときに意識して笑顔を作るようにする「アンカリング」も有効です。

相手の喜びや悲しみに同調できない

感情の動くポイントがずれている

人間には「ミラーニューロン」と呼ばれる神経細胞の働きがあります。他の人の行動などを見て、それを自分のことのように感じる「共感」は、そのミラーニューロンによるものです。友人が楽しそうにしていれば自分も自然と楽しく、また友人に悲しいことがあったときには自分も同じように悲しい気分になります。

発達障害、特にASDの人はミラーニューロンの働きが弱く、相手の感情に共感できないことがよくあります。周りの人が笑っていたり悲しんでいたりしても、自分の感情が動かされません。また、他人に共感できないだけでなく、そもそも感情の動くポイントが定型発達の人とまったく違っていることも多いので、友人が話した何気ない一言（通常はおかしくもなんともないようなこと）になぜか大ウケしてしまい、大爆笑が止まらない…などということもあったりするのです。

そのように、発達障害の人は感情が動かないというわけではなく、逆に喜怒哀楽が人一倍激しい人も多いのですが、共感力に乏しいため周囲から浮いてしまいがちです。

周りの人 ➡ 発達障害の人

いろいろうまく行かないこと、大変なことがあったとしても、恋人との別れは誰でも悲しいものです。その場合、普通は相談している方の悲しい気持ちに共感し、「それはつらいね」「残念だったね」という言葉を期待してしまいますが、まったく同情するそぶりを見せず、むしろ辛らつな言葉をかけられたりするので傷口に塩をぬり込まれるように感じてしまいます。

発達障害の人 ➡ 周りの人

ミラーニューロンの働きが弱い発達障害の人は、共感力に乏しいだけでなく、相手の言葉を真に受けてしまうので(26ページ参照)、「彼氏に苦労させられた」という相手の言葉の裏にある「それでもやっぱり好きだった」という「含意」も理解できません。一方で、独自すぎるツボにはまると、喜怒哀楽がやたらと大きく噴出することもあります。

周囲の働きかけによって発達障害の人の共感力を養うというのは、非常に困難です。このような場合もマニュアル化が有効だったりします。相手の様子を見て、こんなときには楽しそうな顔を、こんなときには悲しそうな表情をする…というのを、マニュアルとして覚えてもらうのです。心から共感できているのではなくとも、マニュアル通りにこなすのが得意なタイプの発達障害の人なら、場の空気を損ねたり相手を不愉快にさせたりすることを少なくするのは、十分に可能です。

理解のポイント

- 共感を司るミラーニューロンの働きが弱い
- 感情の動くポイントが定型発達の人と違う
- 喜怒哀楽が人一倍激しい人も多い

もしもあなたが発達障害なら…

一種のテクニックとして、「相手の表情や行動に合わせてみる」というのを試してみましょう。つまり、相手が楽しそうにしていれば、自分も笑顔を作るように心がけるのです。それを繰り返しているうちに、自分の中で対応がマニュアル化されるだけでなく、ミラーニューロンの働きが活発化して共感力が養われる可能性もあるかもしれません。

Column

発達障害と脳内物質

◉セロトニン強化で不安感を吹き飛ばす

セロトニンといわれてピンとくる方はいるでしょうか。別名「幸せホルモン」などと呼ばれる神経伝達物質で、これが分泌されていると幸福感やリラックス感を感じやすくなります。また、不安やストレスの軽減、食欲の抑制や睡眠質の向上などいいことづくめの脳内物質です。

発達障害の人はこのセロトニンが不足しやすいといわれています。セロトニンが不足すると、セロトニンが抑えていた、恐怖感に影響にするノルアドレナリンという物質が多くなり、不安や恐怖が大きくなります。

こうした症状を軽減するために発達障害の人はセロトニンを増やすことがおすすめです。セロトニンはトリプトファンという物質でできているため、それが豊富に含まれた納豆や豆腐、味噌などの大豆製品、ヨーグルトやチーズなどの乳製品、米やごま、卵、ピーナッツ、バナナなども積極的に取るようにしてみましょう。また、十分な睡眠と適度な運動、そして日光に当たることもセロトニン増加につながります。お医者さんやカウンセラーに相談して、サプリなどを使ってみるのもよいでしょう。

第4章

ひとりよがりの恋愛・結婚編

コミュ力必須のためハードルが高い

恋愛は職場や友人関係などよりも、もっと密接で細やかなコミュニケーションが必要とされるものです。そのため、これまで見てきたようにコミュニケーションが苦手な発達障害の人にとっては、かなり難しいシチュエーションであるといえます。雑談が苦手、言わなくてもいい一言を言う、空気が読めない、自分の興味のある話題には饒舌、共感性が低いなどこれまで見てきたようなトラブルを恋愛のシーンに当てはめるだけで容易に想像がつくと思います。

また、昔は結婚に対する社会的圧力が強かったため、多少問題があったとしてもお見合いや紹介などで普通に結婚できていましたが、男女ともに「別に無理に結婚しなくてもいい」と考え、相手に対する理想が高くなっている現代では、結婚後にトラブルになりそうな人は結婚相手の候補にすら入りません。そのため、発達障害の人の婚活は苦労する傾向にあります。

そして、結婚できたとしても、結婚生活におけるミスコミュニケーションは夫婦間のトラブルの種となります。結婚は他人同士の共同生活というだけでなく、価値観や金銭感覚なども合わせる必要があります。お互いにとってちょうどいい生活を作り上げるためには、その過程で意見を言い合いながら調整する必要がありますが、こだわりが強く、否定に弱い発達障害の人にとって自分のやり方を変えて誰かに合わせるというのは簡単なことではありません。発達障害の夫（妻）に対応し続け、定型発達の妻（夫）が心身ともに疲弊してしまう「カサンドラ症候群」という言葉も今では広く知られるようになりました。

　しかし、恋愛はもちろん、結婚してうまくやっている発達障害の人も数多くいることも事実です。家族や友人が発達障害の人、あるいは恋愛相手や配偶者が発達障害で、快適に一緒にいたいと思っている人は、彼ら・彼女らの世界の一端に触れてみて、その中からヒントを見つけ出してみてください。

△婚活において初対面は避けて通れないが、極度の緊張とネガティブ思考で固まってしまう

△自分に自信がなさすぎて必要以上に卑下し、逆に相手に気を使わせてしまうこともある

初対面の相手に対してガチガチになっている

婚活でいきなりつまずく

発達障害の人のほとんどは、コミュニケーションに大きな問題を抱えています。特に、初対面の相手とのコミュニケーションに際して、並外れて極度に緊張してしまい、うまく話せないという人が非常に多いのです。

お見合いや婚活パーティーなどでは、当然ながら初対面の相手と話すことは絶対に必要不可欠なことです。しかし、発達障害の人はそこでいきなりつまずいてしまいます。特にアスペルガー症候群の人などはそもそも目的のない雑談や世間話を苦手としているため、何を話していいかわからないのです。そのため緊張と不安が極限に達し、挨拶もそこそこに会話を終わらせてしまおうとする人もいたりします。これでは婚活になりません。

さらに極端な例として、ワーキングメモリー（短期記憶）に問題がある人の場合は、緊張と不安も加わって、相手がたった今話したばかりの内容すら次々と頭から飛んでいってしまうことがあります。そんな状態では、普通に仲良くなることすら不可能です。

周りの人 ➡ 発達障害の人

婚活パーティーでは、参加者は当たりさわりのない雑談から始まって、相手に自分のことをアピールしようとしたり、相手のことを知ろうとしたりします。ところが発達障害の人は、初対面の相手と何を話せばいいのかわかりません。言葉が出てこなかったり、逆に自分のことばかり一方的に話す人もいて、相手を引かせてしまうこともあります。

発達障害の人 → 周りの人

発達障害の人は興味が向かう範囲が極端に狭いことが多く、相手の話についていけず、うまい返しができないどころか相槌もろくに打てないことがよくあります。また、自己肯定感が低く、自分に自信のない人も多いので、「こんなことを言ったら嫌われるのでは」などと思ってしまうと、ますますスムーズに話すことができなくなってしまうのです。

初対面の相手とうまく接することができないというのは、本人の婚活だけではなく、日常の仕事などにも大きな差し支えが出てきます。なので、できれば周囲のサポートが望まれます。

会話に慣れるというのは、場数を踏むことが重要になります。初対面の相手ではありませんが、職場など周囲の人たちと雑談のトレーニングをするのもよいでしょう。その際、本人には今自分が何を話しているのか…を第三者的な目線で観察しながら話してもらうようにします。

理解のポイント

- 初対面の相手に対して極度に緊張してしまう
- 苦手なあまりに会話をすぐ終わらせてしまおうとする人も
- ワーキングメモリーに問題があり、そもそも会話にならない人も

もしもあなたが発達障害なら…

とにかく場数を踏んで、経験値を上げるのが一番です。婚活パーティーやマッチングアプリなどで初対面の人との出会いを繰り返せば、必ず慣れていきます。その際、まずは経験値を上げること自体をひとつの目的として、会話がうまくいかなくても会えたことそれ自体を、経験値を増やした成功体験として認識するようにしましょう。

「そこまで言わなくても…」と思うほど自分のことを卑下する

劣等感からくる認知の歪み

発達障害の人は、子供の頃から失敗体験を繰り返しているせいで、多くが自分に自信を持つことができず、深い劣等感に取りつかれています。そのため、「自分には長所がひとつもなくて…」などと、謙遜を通り越して過度に自分を卑下する人がよく見られます。

自分を卑下するのは決してよいことではありませんが、そんな話をできる相手がいるのは悪いこととも言い切れません。しかし、それが婚活の場だったらどうでしょう。婚活パーティーのフリートークの内容が、自分がつまらない、ダメな人間だ…という内容に終始するとしたら、そんな人と付き合いたい人はほとんどいないでしょう。

強すぎる劣等感は、どんどん自分を否定する思い込みへと向かってしまいます。そのため発達障害の人は、口が重かったりするのにいざ口を開けばネガティブすぎる発言ばかりがあふれ出てきます。しかしそのネガティブな思い込みには根拠があるわけではなく、実際には劣等感からくる認知の歪みから発しているのです。

周りの人 ➡ 発達障害の人

婚活に際しては、相手と楽しく会話ができれば、印象は当然よくなります。ところが発達障害の人は、いきなり自分を卑下するようなトークを連発してしまうことがよくあります。「自分はつまらない人間で、何もとりえがなくて…」などという話ばかりに終始してしまったりするのです。相手は「この人何しに来たんだろう…？」と思ってしまいます。

発達障害の人 ➡ 周りの人

「つまらない奴ですみません」といった発言は、ある意味で相手に対する気遣いや思いやりといえなくもありません。一方で、あらかじめ自分を極端に低くアピールしておいて、自分に対するハードルを下げておけば、いざ何かで失敗したり期待外れであったとしても、がっかりされる度合いが少なくなります。そのようにして自分の身を守る一種の自己防衛の機能が働いているともいえます。

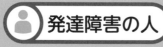

劣等感が強すぎてネガティブなトークばかりが炸裂する人に対しては、本人がダメだと思うところを挙げてもらい、そのことの何がダメなのか、どうしてダメなのかを改めて考えてもらいましょう。それらを突き詰めて見直すと、実はネガティブな考えに根拠があまりなく、偏った思い込みであることが少しずつ明らかになってきます。

また恋愛や婚活に関して、ネガティブな言動がどれだけマイナス要因となるかもひとつひとつ説明し、改善を促していきましょう。

理解のポイント

- 自分に自信がなく、深い劣等感を抱えている
- 強すぎる劣等感のために認知が歪んでいる
- 自分を卑下する話ばかりを口にしてしまう

もしもあなたが発達障害なら…

自己肯定感を上げるには、自己暗示が簡単、かつ効果的です。「自分は価値がある人間だ」「自分のことが好きだ」といった肯定的な言葉を、毎日呪文のように唱えます。心で思うだけでなく、実際に口に出して言うようにしましょう。「自分はダメだ」と思ったとき、続けて「でも人生はまだここから！」と口にするのも、肯定的な認知を養います。

いつもダメ人間と付き合ってしまう恋愛依存体質

3種類の依存

恋愛に依存しやすいタイプの人には、認知の歪みや、物事に強迫的なこだわりを持つなどの特徴が多く見られますが、それらの特徴はほとんどそのまま発達障害の特性に当てはまります。なので発達障害の人は恋愛依存に陥りやすいといえます。

例えば受動型のアスペルガー症候群の女性は、定職に就かず酒を飲んでは暴力をふるうような、いわゆる「ダメンズ」との「共依存」にハマり、「この人には私がいないとダメなの…！」と思い込むことに自分の価値を求めようとします。一方、そんな女性を振り回しているＤＶ（ドメスティック・バイオレンス）男が実は多動衝動性優勢型のＡＤＨＤで、安定した普通の恋愛関係に満足できず、トキメキを過度に求めてトラブルを繰り返す「ロマンス依存」であることも多いのです。また、共依存に陥りやすい女性には、アスペルガー症候群特有の自己肯定感の低さ・劣等感の強さゆえに、幸せになることを自ら遠ざけようとしてしまう「回避依存」が見られることもあります。

周りの人 ➡ 発達障害の人

無職で酒びたり、すぐに浮気をしたり暴力をふるったりもする「ダメンズ」…そんな彼らに尽くしてしまう女性の中には、発達障害の人が少なくないようです。本人は「この人には私がいなくちゃ」と思い詰めるどころか、自分のことを単なる世話好きとしか認識していなかったりすることもあります。周囲からすればなぜそんな人といつまでも付き合って愚痴っているのか不思議な状態なのです。

発達障害の人 ➡ 周りの人

「ダメンズ」に金をせびられても殴られても尽くしてしまう発達障害の女性は、劣等感の強さゆえに自分をダメな人間と思い込みます。そして、自分以上にダメな男性を見つけては、せっせと貢いだりして支えることで、自分に有用感を見出そうとしているのです。このようなタイプの人は、ダメ男と別れてもまた同じような男性と付き合ってしまいがちです。

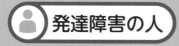

恋愛にのめり込むあまりにキャリアもお金も、何もかもが失われてしまうのが恋愛依存です。いずれのタイプでも不幸な結末が待っています。

恋愛依存の泥沼から抜け出すには、まず認知の歪みを修正するのが何よりも肝心です。恋愛依存にハマっている本人はなかなか耳を貸そうとしないかもしれませんが、周囲の人は粘り強く声をかけ、恋愛依存の人が陥っているいびつな関係の、どこがどのようにまともでないのかを、少しずつ理解してもらうことが望まれます。

理解のポイント

- ダメ男を支えることで自分に価値を求める「共依存」
- 恋愛にトキメキを求めるあまり暴走する「ロマンス依存」
- 幸せになることを自ら遠ざけてしまう「回避依存」

もしもあなたが発達障害なら…

自分の恋愛依存体質に自分で気付き、認知の歪みを認識し、修正していくことは、一人では非常に困難です。安定した普通の恋愛関係を実現している周囲の人たちに相談して、自分の恋愛のどこがどうおかしいのかをじっくりと検証していく必要があるでしょう。何よりも周囲の協力を得ることがカギになります。

シーン
31

謝ったら負けだと思っているのか絶対に謝らない

謝れなくする発達障害のさまざまな特性

夫婦間の関係では友人や同僚や上司に対するようには遠慮が働かないことが多いので、ちょっとしたケンカがエスカレートしてしまうことがあります。特に夫婦のどちらか、あるいは両方が発達障害の場合は、深刻なトラブルになることも少なくありません。

「自分がわかっていることは相手もわかって当然」と思い込んだり、注意を受けたり指摘されたりすると自分の存在を全否定されたように感じたり、自分の正しさが絶対だと信じ込んだり、一方で強い劣等感の裏返しでひどく攻撃的な態度に出てしまったり、長期記憶が優れているばかりに相手のずっと前の非をいつまでも蒸し返したり…といった、これまでに説明してきたような発達障害のさまざまな特性は、夫婦ゲンカの際にはどれもマイナス要因として働いてしまいます。「向こうが絶対に悪い、なぜわかろうとしないのか」と態度をエスカレートさせてしまうのです。「謝ったら負けだ」という認知の歪みが見られることも多く、円満な仲直りを遠ざけてしまいます。

周りの人 ➡ 発達障害の人

夫婦関係に限らず、人間関係は持ちつ持たれつ、どちらかが絶対に正しいとか間違っているということはあり得ず、誰もが折り合いを付けながら暮らしています。しかし発達障害の人は得てしてゼロか100かに偏りがちです。ちょっとしたことでも自分の非を認めようとせず、自分の正しさばかりを主張して謝らずに、問題をこじれさせてしまいます。

発達障害の人 → 周りの人

本人は認知が歪んでいるため、自分の常識は間違いなく世間の常識で、謝ることは自分の全存在を否定すること…と考えています。自分が間違っているどころか、94ページ「他人のミスには厳しい」でも見たように、むしろ相手のためを思って「間違い」を正してあげていると考えている人も少なくありません。自分の中の「普通」「常識」が世間のそれと同一だと信じ込んでいるためです。

このようなタイプの夫婦は、いつも同じようなポイントで意見が対立し、いつも同じようなネタでケンカを繰り返していることが多いものです。そして、そのことについて改めて話し合おうと思っても、お互いがすぐに感情的になって、結局は話がこじれてしまうことになりがちです。

なので、周囲の人に立ち会ってもらい、中立的な立場で話を聞いてもらいながら、冷静に話し合う必要があります。できれば2人そろって専門のカウンセラーに相談するのが望ましいでしょう。

理解のポイント

- こだわりの強さで謝れない
- 劣等感の裏返しで攻撃的になってしまう
- 認知が歪んでいる

もしもあなたが発達障害なら…

相手は自分のことを全否定しようとしているわけではなく、相手の方が100%悪いなどということもあり得ない…という、ごく当然のことを認める必要があります。自分に改めるべき点があるかもしれないという事実に向かい合うには、対人関係についての本を読んだりするだけでなく、できれば専門家に相談することが望まれます。

少し反対の意見を言っただけでも感情的に反発する

劣等感の裏返しで感情的になってしまう

これまでにもお話ししてきた通り、発達障害の人は自己肯定感が極度に低い一方で、自分の独断的・独善的な正しさを絶対のものと妄信する傾向があります。そして、誰かに注意されたりすると、すぐに自分を全否定されているような気持ちになり、感情が大きく乱れてしまいます。

その点、夫婦として一緒に暮らしているパートナーからの注意や指摘は、他の人以上に核心を突いていたりするものですが、発達障害の人にとってそれを率直に聞き入れることは、とても困難だったりします。最も近しいパートナーに自分を否定されているような気分になってしまうからです。劣等感も強いので、自分を守ろうとするあまり、感情的に反発してしまうことが多くなります。

一方で、発達障害の人がパートナーに対して注意や指摘をする場合は、必要以上に辛らつになってしまいがちです。自分の正しさに過度にこだわり、相手の気持ちを考えて話すことが苦手な発達障害の人は、相手のちょっとした非も許せず、すぐに感情的になってしまいます。

周りの人 ➡ 発達障害の人

夫婦関係などのパートナーに限らず、周りの人が誰かに注意や意見をするのは、別に相手をやり込めようとしてのことではありません。ところが発達障害の人の中には、何か言われるとなぜか感情的に猛反発してきます。例えば父親が発達障害だったりすると、妻や子どもたちは突然キレる父親を恐れて、家庭の空気がいつも殺伐としたものになったりもするのです。

発達障害の人 ➡ 周りの人

発達障害の人は、ちょっとした注意や指摘を受けたときでも、自分をすっかり否定されたような気持ちになってしまいがちです。また、自分の正しさが絶対だと思い込んでいるので、なぜ「間違った」意見を言われるのか理解ができないのです。そうであれば、冷静に反論すればよいのですが、否定にも極端に弱いため、その心細さからつい感情的に反発してしまっている状態です。

あなたのパートナーが発達障害の場合に限らず、角を立てずに相手に物申すためには、「アサーション」が有効です。アサーションは心理学のテクニックで、自分を主語にしながら、前向きで柔らかい表現で相手に主張を伝えるというものです。「明日あなたがゴミを出してくれないと困る」→「明日はゴミ出しの日なんだけど、出しておいてもらえるとすごく助かるなあ」…という感じになります。心理学のガイドブックなどにはたいてい載っていますので、是非参考にしてみてください。

理解のポイント

- 注意や指摘を人格否定ととらえてしまう
- 劣等感から感情的に反発する
- 自分が注意する場合も感情的になりがち

もしもあなたが発達障害なら…

自分が感情的に反発してしまうことの具体的な内容を、改めて書き出してみましょう。そしてそれが怒ってしまうような許せないことなのかどうかを、改めて冷静にチェックします。その際、自分一人ではなく、周囲にもそれを見せて相談するようにしましょう。実際には怒るべきポイントなどないということが、少しずつ理解できるはずです。

こだわりが強すぎて、自分のペースを乱されるとキレる

ルーティーンに対する過度のこだわり

日常生活のさまざまな面でこだわりが過度に強いのが、発達障害、特にＡＳＤの人の特性です。何時に起きて何時に寝るのか、朝起きて、朝食から出勤の支度までをどのような手順で行うのか、さらには靴を左右どちらから履くのかに至るまで、細かなルーティーンにこだわり抜き、自分のペースを乱されるとキレてしまいます。

しかし結婚生活は、どんなに好き合って結婚した相手との暮らしだとしても、つまるところ他人との共同生活です。相手が１００％自分のやり方を認めてくれる・共感してくれるとは限りませんし、何より日々の暮らしにはいつでも予想外の要素が入り込んできたりします。

ところが発達障害の人は、往々にして自分のペースやルーティーンを乱されることが許せません。それは世間的には理不尽な怒りとみなされ、モラハラ（モラル・ハラスメント）と呼ばれるかもしれませんが、本人は当然のことと思っていたりします。しかし、それでは幸福な結婚生活は続かないでしょう。

周りの人 → 発達障害の人

他人同士だった2人が結婚すれば2人の、子どもが生まれれば3人以上の、新たな暮らしが始まります。そして子育てを含む日々の生活には、予期しないことも次々と起きるでしょう。こうした生活において決まり切った自分のペースをかたくなに守ろうとする人がいれば、大変な状況に陥ります。家事や育児が分担されず、パートナーは疲弊してしまいます。

発達障害の人 → 周りの人

発達障害の人は、判で押したような日々のルーティーンを守り続けることへのこだわりが強すぎると同時に、それが乱されることを極度に恐れ、強い不安を抱えています。予定変更に対する臨機応変な対応を苦手としているため、決まった時間に朝食を取れないと予定通りに出勤することもできないと思い込み、感情が爆発してキレてしまうのです。

あなたのパートナーが発達障害だとしたら、許容できる範囲では特異なこだわりに付き合ってあげてもよいでしょう。しかし、そのこだわりが日常生活を困難にしてしまうとしたら、話は別です。

まず、パートナーがこだわっている行動を貫けないことでキレてしまったとしても、無視しましょう。相手は自分がキレることでこちらが対応してくれるのを無意識に期待しています。そこで、それに徹底して応えないというのを続けることで、本人の誤った認知を正していくのです。

理解のポイント

- 自分のペースやルーティーンに過度のこだわりがある
- ペースやルーティーンを乱されるのが許せない
- パートナーに理不尽なキレ方をしてしまう

もしもあなたが発達障害なら…

「ドイツ観念論」で有名な哲学者・カントは、毎日３時半に散歩に出る習慣を厳格に守っていましたが（彼も発達障害だったのかも？）、あるとき読書に熱中するあまり日課の散歩を忘れてしまいました。しかし特に問題は起きなかったのです。自分のペースやルーティーンが守れなくても、別に死ぬわけではない…と意識していきましょう。

Column

カサンドラ症候群とは？

◉発達障害をサポートする側が陥る心身の不調

定型発達と発達障害のカップル・夫婦において、定型発達のパートナーが発達障害の人をサポートするのに疲れて、精神的に消耗してしまう状態をカサンドラ症候群といいます。第４章で見たように、発達障害の人との共同生活や恋愛には色々な困難が伴います。たとえ発達障害の特性を理解し、サポートの仕方もわかっていたとしても、常に完璧に優しくサポートできるわけではありません。人間には感情やその日の気分というものもありますので、何度も同じミスをすることについ怒ってしまったり、自分のことをわかってくれないことに泣いてしまったりすることもあります。そして、それに対して自己嫌悪になり、自分を責めてしまいます。さらにそれが続くと心身に不調が現れ、最悪の場合パニック症状が出たり、鬱状態になってしまったりすることもあります。

カサンドラ症候群は、真面目で責任感が強く、忍耐強い人がなりやすいといわれています。こうした症状も、昔より広く知られてきているため、病院などでも理解されやすくなっています。もしもこうした状態に陥ってる人がいたら、早めにカウンセリングに行くなどして、対策を講じましょう。

第5章

咲ける場所の見つけ方

特性を理解して「その人が咲ける場所」へ

特性を活かすも殺すも環境次第

　ここまで発達障害の人たちのシーンごとの具体的なトラブル例を見てきて、どのように感じたでしょうか？「こういう人いるなあ」と思った方もいれば、「自分にもこういうところがあるかも…」と心配になった方もいるかもしれません。どちらであったとしても「発達障害の特性」とそれが周囲とどのようなトラブルを生むかについては学べたと思います。そして、これまで見てきたように当事者たちはその特性ゆえ色々なシーンで困難を抱えて生きており、周囲と同じようにできない自分について強いコンプレックスを持っています。

　それを解消するために、世に出ている当事者向けの本を読んでトラブルをなくそうと改善方法を学んでいる人や、病院に通ったりカウンセリングを受けたりして、なんとか今の環境に適応しようとしている人もいるでしょう。しかしまた、こうした特性は環境が変われば、素晴らしい結果を生む能力となることもあるのです。特性を活かしてよい結果が生まれればそれは積み重なって、自信となります。その自信が継続していけば強いコンプレックスも段々と弱まっていくはずです。

「置かれた場所で咲きなさい」というフレーズを最近よく耳にしますが、発達障害の人にはむしろ「咲ける場所へ移動しよう」、あるいは「今いる場所を咲ける場所に変えていこう」の方が合っています。そうした移動のきっかけや環境作りのために重要になるのが、繰り返しになりますが、周囲にいる人たちの理解と支援なのです。

第5では発達障害の人のどんな特性がどんな職業で活きるのか、あるいは、どんな特性がどんな環境との相性が悪いのかを紹介します。

また、実際にカウンセリングに来た患者さんの中で、困難な環境から別の環境へ移ることで、あるいは周りの支援により環境を作り替えることで、発達障害の特性を素晴らしい結果に開花させた事例についても具体的にご紹介していきます。

△ADHDの人のさまざまなことに興味が向く特性はアイデア出しの場面では次から次へとアイデアを出してくれる

△ASDの人のマニュアルを好み、ひとつのことに集中する特性は決まり切った仕事を任せれば誰よりも成果を出す

仕事に役立つ発達障害の特性

視点を変えて特性を考えてみる

さて、環境次第で特性も活かせる、といってもどんな特性がどんな環境で活きるのでしょうか。ひと口に発達障害と言ってもASDとADHDの特性ではかなり違いますので、それを整理しながら見ていきましょう。

まず、ASD、特にアスペルガー症候群の人は非常に素直で純粋なところがあります。また、感情に乏しいといわれがちですが、ネガティブな感情はむしろ人より大きいくらいに感じます。これは裏を返せば、心配性、つまり先々のことまで考えられるということでもあり、責任感が強いということでもあります。そして、同時に複数のことをこなすのは苦手ですが、逆にマニュアルがあり、ひとつのことに集中できる作業は非常に得意です。

ADHDの人は次々に色々なことに興味が移り、ひとつのことに集中できないという特性があります。しかし、これも視点を変えればテーマによってはアイデア出しの会議などでさまざまなアイデアを出せるという長所に変わります。また、ADHDの中でも多動衝動性優勢型は落ち着きがなく、じっとしていられないという特性がありますが、これも次々に判断をしていき、常に動いていることを求められるような仕事であれば非常に有用な特性となってきます。

このように、発達障害の人の特性は視点を変え、環境を変えることで、仕事上でもマイナスにならずむしろプラスの効果を生むということはなんとなくイメージが湧くのではないかと思います。

しかし、単に発達障害の人を向いていそうな別の部署に異動させて後は放置、というような形では彼らの特性は発揮されません。その点については、これまで何度も見てきたように、元の部署でよく知っている人はもちろん、受け入れ先の部署でも周囲の人が、発達障害の人の特性を理解し継続して支援していくことが重要なのです。

◉視点切り替えの例

ASD	●真面目で融通が利かない ➡マニュアルや手順を必ず守るという真面目さ ●過剰に人の気持ちを気にしてしまう ➡相手の話を聞いて気持ちに寄り添うことができる ●本音と建前がわからない ➡裏表のない純粋で素直な性格
ADHD	●周囲のものや新しい情報に気持ちが移りやすい ➡色々なアイデアを次々と思いつく ●事前準備やコツコツとした作業が苦手 ➡新しいものへチャレンジする意欲が旺盛 ●落ち着きがなくとにかくじっとしていられない ➡判断が早く、行動力がある

もちろんうまく切り替えられるかどうかは、周囲の人のサポート次第。

発達障害の人に向いている仕事

ASDの超集中力、ADHDの創造力が活きる職業

さて、それでは実際に発達障害の人にはどんな仕事が向いているのでしょうか。ASDとADHD、それぞれの特性ごとに見ていきましょう。

まずASDの人は、「本音と建前がわからない」「雑談ができない」などコミュニケーションに苦手意識があるため、人間以外を相手にする職業が合っていることが多いです。具体的には、プログラマーや家具職人、工場での検品・組み立て作業員などの仕事に適正がある場合があります。こうしたマニュアルがある職業では、それに沿ってひたすらに単調な作業を繰り返すことが求められます。そうした環境に置かれたときのASDの集中力は大変なものがあります。定型発達の人よりずっと長時間集中し、しかもミスもないということも珍しくありません。

また、ASDの中には共感性が高く人の気持ちを読みすぎる人もいますが、こうした人は人の話を聞くことは上手です。また、ASDは会話の目的を考えるため、相手の話を整理して、課題を抽出したり分析したりすることも得意です。そのため占い師や心理カウンセラーなど、悩んでいる

人の気持ちに寄り添いアドバイスする職業で花開く場合があります。

一方、ADHDの人は定型発達の人にはない独特の感性を持っており、さまざまなことに次々興味を持つため、新しいアイデアもたくさん思いつきます。そのため、企業であれば企画職やWebデザイナー、個人事業主であれば漫画家、作家、イラストレーターなどいずれもクリエイティビティを発揮できる職業でその特性を活かすことができます。

また、ADHDは短時間で成果が目に見えないとすぐに注意がそがれてしまうため、こうした物作りの業種は、そうした特性にも非常に合っているといえます。あるいは、売上のノルマなどを全員が見える場所に掲げ成績を競い合うような販売や営業などの仕事で成功する例もあります。

ASDに向いている仕事

- しっかりとマニュアルがある
  ➡工場の検品・組み立てなど
- 単純作業を長い時間黙々とできる
  ➡データ入力、倉庫の仕分けなど
- 人でなく数字や機械を相手にする
  ➡プログラマー、エンジニア、研究開発など

ADHDに向いている仕事

- 人にはない新しい発想を持っている
  ➡企画職、クリエイターなど
- 興味のあることには非常に詳しい
  ➡専門分野の営業や販売など
- 常に動き回り、行動力がある
  ➡起業家など

発達障害の人に向いていない仕事

ASDは対人業務、ADHDは単純作業がNG

今度は逆に、発達障害の人に向いていない職業、職場を見ていきましょう。

ASD、特にアスペルガーの人に向かない典型的な仕事が接客や営業です。多くの人と関わり、その人たちの感情を機敏に察知して対応する高度な対人スキルが要求されるためです。こうした仕事は人の感情を読み取るのが苦手なASDの特性との相性は最悪です。ただし、高度な専門知識が必要とされる営業や、短期的な関係で終わる接客であればむしろ有用な人材となれることもあります。

その他の仕事では、臨機応変な対応が必要とされるクレーム処理や窓口業務、常に同時並行で物事を処理する必要がある秘書や飲食店スタッフなども不向きな仕事といえるでしょう。

次にADHDの人ですが、単純作業や繰り返しの作業、毎日のルーティーンワークなどの単調で淡々とこなす必要のある仕事が苦手なので事務などには向いていません。こうした事務仕事に就いているADHDの人は、何回も同じミスをし、集中力もまばらな傾向にあります。

　また、ＡＳＤの人は決められた手順が崩れるという理由でマルチタスクが苦手ですが、ＡＤＨＤの場合は色々なことに気を取られてしまい、全体の進行管理ができないという意味でマルチタスクが苦手です。そういう意味でＡＳＤ同様、秘書や飲食店スタッフなどもＡＤＨＤには向いていません。その他にも細かい数字や記入漏れなどを厳しくチェックし正確性を求められる金融系の仕事なども向いていないといえるでしょう。

　発達障害の人にとって重要なことはメタ認知によって自分の特性を把握することです。わざわざ自分の特性が苦手な仕事に就いて失敗して自信を失ってしまえば、さらにネガティブなコンプレックスを強固にしてしまいます。こうした個々人の特性把握についても周囲の人の協力が不可欠です。

ＡＳＤに向いていない仕事

- 高度な対人スキルが必要とされる
  ➡接客、一般的な営業など
- 臨機応変さや同時並行処理を求められる
  ➡オペレーター、窓口業務、秘書など
- 高度な管理を必要とする
  ➡人事、経理、財務など

ＡＤＨＤに向いていない仕事

- ルーティンワークが必要
  ➡事務、工場の検品や組み立てなど
- ミスが許されない
  ➡医療系、弁護士、校正など
- 同時並行処理を求められる
  ➡接客、保育士、金融系など

同時並行処理を単一作業へ近づける

さて、ここからは実際にカウンセリングに来た方の事例を交えて紹介します。まず、シーン11の「急な変更などに対して臨機応変な対応ができない人」が環境を変えて変わった例です。

事務職のAさんは、同時並行処理と臨機応変な対応が苦手な典型的なアスペルガーで、職場で悩んで鬱に近い状態で来られました。書類作成に電話対応、データ入力、メールの対応、来客対応などなど…一般的な事務職の仕事で定型発達の人であれば問題なくこなしている人も多そうな仕事です。しかし、アスペルガーのAさんにとっては非常に大変で、同時に色々なことが重なるとパニックになってしまい、かなりミスも多かったそうです。

こうした状況に対して、まずは周囲の人に自分が発達障害であるということを打ち明け、業務を絞ってもらえるようお願いしてみてはどうかと提案しました。要するに、電話対応や来客対応などには出ない代わりに、データ入力や書類作成など一人で黙々と行える仕事については一手に引き受けるという取引です。しかし入力や作成の仕事は一人にそこまで集中させるほどの頻度では発生しないため、この案は難しいようでした。

そうであれば、なんとか同時並行できるようにする他はないと考え、「構造化」を提案しました。

要するにこれは抱えている複数の仕事を「視覚化」するということです。ダッシュボードを真ん中で2つに分け、作業の名前を書いた付箋を用意します。終わった作業については、ダッシュボードの左から右へ、移動させます。そして、また新しい作業が発生したら付箋を用意……という流れ、今何が終わっていて、何が途中なのかを一目で把握できるようにするのです。いわばこれは同時並行の作業を単一の作業に近づける作業ともいえます。

こうした工夫によりAさんはなんとか同時並行処理もこなせるようになり職場環境も過ごしやすくなったそうです。

「臨機応変な対応ができない人」の場合　ケースB

リモートで「同期」の仕事を「非同期」へ

もう一人、同じタイプのケースを紹介しましょう。同じく事務職で同時並行処理と臨機応変な対応に悩んでいたBさんのお話です。

BさんもAさん同様アスペルガーで、作業中の突発的な電話や来客対応で作業中の仕事の手を止められるせいで集中力が落ちミスが多いことに悩んでいました。そのため、Aさん同様、取引や構造化を提案していたんですが、ちょうどその折に新型コロナが発生してBさんの会社もリモートワークに切り替わったそうです。

その結果、Bさんは人が変わったようにミスが少なくなったそうです。それもそのはずで、普通のオフィスでの仕事はその場にいるみんなと合わせなければならない「同期」の仕事です。急な来客や電話対応はもちろん、隣の人から話しかけられたり、上司や同僚にちょっとした頼まれ事をされたりと、その場に同期することが求められる環境です。

一方で、リモートワークは仕事のスケジュールや締め切りはあるものの、基本的には自分の作業をそこに向かって進めていけばよい環境です。また、電話や来客、上司や同僚から話しかけられることのない「非同期」の環境なのです。

ＡＳＤのタイプにもいくつかありますが、Ｂさんは視覚優位型というタイプで、要するに要件を口で言われるより、メールなどでもらう方が整理しやすいタイプだったのです。リモートワークは基本的にメールでのやり取りなので、仕事の内容も見返すことができて整理しやすいため、Ｂさんの仕事の能率は格段に上がったそうです。

Ｂさんのようにリモートワークで能率が上がった発達障害の人は非常に多いです。コロナが落ち着いてリモートが解除された会社もたくさんあるとは思いますが、リモートという働き方の選択肢が一般に普及したことは、コロナの「ケガの功名」だといえます。

「人の気持ちを気にしすぎる人」の場合　ケースA

過剰共感をどう抑えるか？

さて次はシーン6「空気を読みすぎて本音を隠し限界に達して爆発する」やシーン24「人間関係をうまくこなそうとして人の気持ちを気にしすぎる」、こういったタイプの人の事例です。

携帯電話のカスタマーサービスに勤めるCさんは典型的な「人の気持ちを気にしすぎる」タイプでした。こうしたタイプは人の気持ちに寄り添うことができるため、窓口業務やカスタマーサービスなど困っている人とマンツーマンで接する仕事は得意で向いているといえます。実際にCさんも仕事自体は得意で、評判はよかったのですが実は精神的にはボロボロの状態でやってきました。というのも、あまりにお客さんの気持ちに寄り添いすぎて毎日疲れてしまっていたのです。

こうした状況は「過剰共感」と呼ばれ、この状態が続くと精神的に疲弊してしまいます。

そこで、この過剰共感を抑えるために職場にこうした状況を知ってもらい、カスタマーサービスで話している自分の姿をビデオカメラで撮ってもらうように提案しました。これは、過剰共感の状態にある自分を客観的に見ることで、「のめり込みすぎている自分」を認識してもらうことを狙いとしました。過剰共感の人は相手の気持ちに対して同じ気持ちになって対応しようとしています。

例えば早口で一生懸命な人には同じようになったり、困っていて辛い人には同じようにつらい気持ちになったりと、相手のペースにのまれてしまうのです。その姿を自分で見ることで「確かに相手の気持ちになりすぎていたかも」と思ってほしかったのです。対応の最中にその視点が持てれば、話すスピードを変えたり、同じ気持ちにならないように冷静になったりといった対処も取れます。

実際にこうした対処がうまくいってCさんの共感疲労はだいぶなくなり、職場の人たちも安心したようです。

「人の気持ちを気にしすぎる人」の場合　ケースB

目的思考が活かせる職へ

もう一人「人の気持ちを気にしすぎる人」のケースを紹介しましょう。

Dさんは、仕事は事務職で問題なくこなせていたのですが、同僚の女性たちとのランチやお茶などで目的のない雑談をしなければならないのが苦痛でした。一度そうした雑談が嫌で「もう少し意味のある話をしよう」と自分から話題を振っていったそうですが、空気が微妙な感じになってしまったためずっと聞き役に回っているそうです。事務職は、周囲との連携が必須になるため、その人たちと付き合わないわけにもいかず困り果ててカウンセリングに来たというケースです。

シーン2でも紹介しましたが、ASD、特にアスペルガーの人は「雑談が苦手」という特性があります。これは目的思考と呼ばれる思考の癖が目的のない会話＝雑談を苦手にさせているのです。

一方でこうした目的思考のASDは、意味のない雑談は苦手ですが、悩んでいる人の話を聞いて、課題を抽出・分析し、対応策を考えるのは得意だったりします。彼女はまさにそうしたタイプだったので、思い切って事務職の傍らカウンセリングの勉強をして資格を取ってみてはどうかと提案しました。

その後、彼女は事務職を続けながらカウンセラーの勉強に励み資格を取得。副業として個人カウンセラーの仕事を始めました。発達障害の人がいきなり仕事を変えてしまうのは、かなりリスクが高いため、副業などができる仕事ならまずは小さく始めて、軌道に乗ってから本格的にシフトするということをおすすめしています。彼女にもそのように提案したところ、うまい具合に副業の方の依頼が増え、晴れて会社を退職。今ではカウンセラーだけで食べているようです。

このように、「人の気持ちを気にしすぎる」「空気を読みすぎる」という特性にも色々とありますので、自分や周囲の人だけで判断せず病院やカウンセリングなどでプロに相談してみることが重要です。

「相手の話に共感しない人」の場合

共感しないという特性を武器にする

さて、次は先ほどの話とはまったく逆の「相手の話に共感しない人」の場合です。シーン27「相手の喜びや悲しみに同調できない」で描かれているような人です。こういった人は、本来外科医などに向いています。治療のために患部を切らなければいけないとき、患者さんの痛みを自分のことのように感じていたら医師は務まりません。そうした職業では痛みに同調せず思い切ってやれる資質がいるのです。とはいえ、普通の人がいきなり外科医に転職するのは無理があるのでもう少し現実的な例を紹介しましょう。

ASDのEさんは不動産系の会社の営業として働いていましたが、同僚や上司、お客さんからの評判もよくなく悩んでおりました。「こっちの都合を気にしてくれない」「人の気持ちがわからない」といった言葉を周囲の人から投げかけられる「共感しない人」の典型でした。そこで、色々と会社の話を聞かせてもらった結果、債権回収の部署に異動願いを出してみてはどうか、と提案してみました。債権回収とは支払いの滞っているお客さんに連絡し支払ってもらうという仕事です。こうした仕事は、相手の事情に共感して強く言えなかったりする人には向いていません。共感能力の低いEさんにはまさにうってつけと思ったのです。

Eさんは発達障害ということを職場に打ち明け、すぐに異動になりました。そして、その共感しないという特性を活かして次々に滞っていた案件を片づけていったそうです。

その部署への異動が功を奏したもうひとつの点は、成績がすべて可視化されることにありました。滞っている債権を回収できた成績が個人の成績として全体に掲示されたそうです。今までのチームで行っていた営業のような仕事ではなく、かなり個人で行える仕事に近くなったのです。自分一人で頑張った分がそのまま成績に反映されるというわかりやすい結果もEさんにとってはピッタリだったのです。

「本音と建前の区別がつかない人」の場合

「率直な物言い」が面白がられる世界へ

最後は、「本音と建前の区別がつかない人」の場合です。これはシーン4「本当のことなら何でも言っていいと思っている」で紹介したような人です。

ASDのFさんはメーカーの営業職でしたが、空気が読めない、相手の気持ちを気にせずズバズバとものを言ってしまうということで、周囲から疎んじられ、浮いた存在となって悩んでいました。こうした特性はその人の脳の中で客観視ができていないため起こることです。つまり「今この発言をしたら、相手はどんな感情になるか」という想像力が弱いのです。これは逆にいえば、思い込みが激しく、自分の世界が強固にある人、マイワールドで生きている人ということになりますので、ある意味、普通の社会ではないところの方が面白がられて活躍できる可能性があると考えました。

具体的には、エンターテイメントの世界、芸人や俳優の世界に飛び込んでみる、もしくは個人でYouTuberやブロガーなどを副業として始めてみるのはどうかと提案しました。

Fさんは、結局後者を選択し、会社勤めをしながら趣味系のYouTuberとしての活動を始めました。その趣味の世界は割とおとなしめのYouTuberしかいなかったため、ズバズバとものを言うFさんの奇抜なキャラクターが話題になり、順調に登録者を伸ばしているようです。

また、ASD特有の狭い範囲の興味に対しては深く追求する特性も持っていたため、単にズバズバ言うだけでなく、その趣味の分野でも非常に知識があり、詳しいということも合わさって人気が出たようです。さらに、その界隈で認められることで自信がつき、会社で多少浮いた存在であってもいいやと吹っ切れて今ではあまり悩むこともなくなったそうです。

芸能人になるのは簡単ではありませんが、個人で簡単に発信できうまくいけばそれで食べていけるようになった今の時代、発達障害の人にとっては昔より色々な道が開けたともいえるでしょう。

おわりに

『イラストでわかる　シーン別　発達障害の人にはこう見えている』、いかがだったでしょうか。冒頭でも述べましたが発達障害の特徴は個性や性格、成育歴ではなく脳の構造による症状なのです。その症状が強いほど、特徴が際立って出てきます。ですので、この症状を知ること＝その人を知ることとなります。

発達障害・定型発達に関わらずですが、何か困難に遭遇したとき、自分の中に解説書・取り扱い説明書をつくることで多くの困難は解決できます。この本は発達障害の人にとっては自分の特性や周囲の人の考えを知る解説書に、定型発達の人にとっては発達障害の人の特性や対応を知る解説書になると考えています。

発達障害・定型発達、まずはお互いの理解こそがより良い関係作りの第一歩です。いきなりこの本に書いているような行動をするのは難しいかもしれません。まずは知ることだけでもいいのです。知っているということと知らないということは大きな違いです。

発達障害の人は、あるいは定型発達の人は「こんな風に考える」と知るだけでも、怒ったり、イライラしたりする気持ちは小さくなっていくはずです。そうした基本的な関係作りができたうえで、段々と行動に移していけばよいと思います。

まずはお互いを「知る」こと。この本がその最初の一歩の手助けになればと願います。

吉濱ツトム

参考文献

吉濱ツトム著

・発達障害の人のための上手に「人付き合い」ができるようになる本（実務教育出版）

・片付けられないのはアスペルガー症候群のせいでした。（宝島社）

・人付き合いが苦手なのはアスペルガー症候群のせいでした。（宝島社）

・隠れアスペルガーさんの才能・仕事の見つけ方（宝島社）

・発達障害と結婚（イースト・プレス）

・隠れ発達障害という才能を活かす逆転の成功法則（徳間書店）

・隠れアスペルガーでもできる幸せな恋愛（ベストセラーズ）

・大人の発達障害 アスペルガー症候群・ADHD シーン別解決ブック
司馬理英子著（主婦の友社）

著者紹介

吉濱ツトム

発達障害カウンセラー。幼い頃より自閉症、アスペルガーの症状に悩まされる。発達障害の知識の習得に取り組み、あらゆる改善法を研究し、試した結果、数年で典型的な症状が半減。26歳で社会復帰。同じ症状に悩む人たちが口コミで相談に訪れるようになる。個人セッションの他、教育、医療、企業、NPO、公的機関から相談を受けている。主な図書に『発達障害の人のための上手に「人付き合い」ができるようになる本』(実務教育出版)、『隠れアスペルガーという才能』(ベストセラーズ)などがある。

吉濱ツトム公式ウェブサイト
https://yoshihama-tsutomu.com/

Book Staff

イラスト:ふじいまさこ
執筆協力:大越よしはる
カバーデザイン:bookwall
校正:ペーパーハウス

イラストでわかる　シーン別《べつ》
発達障害《はったつしょうがい》の人《ひと》にはこう見《み》えている

発行日　2023年　7月24日　第1版第1刷
　　　　2024年　11月28日　第1版第5刷

著　者　吉濱《よしはま》　ツトム

発行者　斉藤　和邦
発行所　株式会社　秀和システム
〒135-0016
東京都江東区東陽2-4-2　新宮ビル2F
Tel 03-6264-3105（販売）Fax 03-6264-3094
印刷所　三松堂印刷株式会社　Printed in Japan

ISBN978-4-7980-7034-6 C0036